고린도전서

황원찬 지음

하나님의 사람을 만들어 가는  엘맨 ELMAN

고린도전서

초판1쇄	2023년 1월 25일
지은이	황원찬
펴낸이	이규종
펴낸곳	엘맨출판사
등록번호	제13-1562호(1985.10.29.)
등록된곳	서울시 마포구 토정로 222
	한국출판콘텐츠센터 422-3
전화	(02) 323-4060, 6401-7004
팩스	(02) 323-6416
이메일	elman1985@hanmail.net
	www.elman.kr

ISBN   978-89-5515-060-5 03230

값 12,000 원

1 Corinthians

머리말

    고린도전·후서는 바울이 AD55년경 기록한 것으로 3차 선교여행 중입니다. 바울이 AD55년경 예배소에서 본 서신을 보내는 것은 고린도 교회 내에 심각한 문제들이 발생되었기 때문입니다. 고린도 교회는 바울이 2차 전도여행 중 1년 6개월 동안 고린도 지역에 머물면서 세운 교회입니다. 그러나 교회 설립이 짧은 역사에도 사분오열의 분열과 우상의 제물을 먹는 문제, 무질서한 공예배, 은사 문제, 부활을 부정하는 의견 등에 대하여 답해주고 있습니다. 또한, 교회 밖에서의 문제들도 심각합니다.

    고린도는 그리스의 상업 도시들 가운데서 상업이 번창했으며 조선기술이 유명한 곳입니다. 헬라 철학의 영향을 받아 신화와 신전이 많고 여사제(창녀)들은 1,000여명 이상이 있었으며 수사학이 경지에 이른 학문이어서 문학생들과 철학자들이 많았습니다. 이러한 헬라 철학에 영향을 받은 고린도 교회는 부활을 부정하는 심각한 문제로 인하여 바울은 서신을 보내게 된 것입니다.

본 요약 강해서는 저자가 섬기는 새벽기도회 강단을 통하여 집필하게 됨을 성도들에게 감사를 드립니다.

화양동 서재에서

황 원 찬

목차

사도의 감사

(고린도전서 1:1-9)

　바울이 고린도 지역의 복음 전파는 2차 선교여행이 끝날 무렵입니다. 고린도는 중부 그리스와 가까운 지역으로 항구 가까이에 있었고 로마의 행정구역입니다. 주민들은 헬라인, 로마 퇴역장군, 상인, 정부 관리 등 부류의 사람들이 구성되다 보니 경제적으로 부요했으나 이러한 윤택한 생활은 윤리적 도덕적으로 타락하게 된 원인이었습니다. 아울러 이곳은 많은 이방 신전들이 있던 우상 숭배의 도시로 복음 전파가 어려운 곳이었으나 이곳에 교회가 설립되었던 것입니다. 바울의 감사는?

1. 복음이 증거됨입니다.

6절 "그리스도의 증거가 너희 중에 견고하게 되어" 왜? 바울은 이 말을 합니까? 고린도 지역에 교회가 설립될 수 없는 환경적 악조건 속에서도 복음이 증거됨은 오직 성령의 역사라는 것입니다. 더욱이 교회가 시작되면서 말씀의 능력이 크게 나타나고 있습니다. 5절에 나오는 '언변'은 헬라어로 '로고스'입니다. 곧, '교리', '말씀'을 의미하고 있습니다. 고린도 교회는 비록 역사가 짧지만 말씀의 터 위에 기초하여 복음의 증거는 교회를 든든히 세워지게 한 것입니다. 곧, 그리스도와 그의 십자가에 죽으심에 대한 신앙이 교인들에게 있는 것입니다.

2. 은사가 넘칩니다.

7절 "너희가 모든 은사에 부족함이 없이..." 고린도 교회 성도들은 대부분 이방인 출신의 그리스도인들입니다. 그럼에도 복음은 능력있게 임하여 주님의 십자가의 대속과 부활을 고백하는 케리그마(Kerygma) 신앙과 종말론적(Eschatology) 신앙이 투철했던 것입니다. 7절 下 "우리 주 예수 그리스도의 나타나심을 기다림이라" 곧, 은사는 헬라어로 '카리스마'의 뜻으로 하나님께서 값

없이 주신 선물로 이 단어는 바울서신에서 16회가 나옵니다. 이는 모든 성도에게 해당되는 '구원'으로 은총을 뜻하고 동시에 교회 내에 복음사역을 위한 각 사람에게 분배된 '직임'을 말합니다. '직임'은 헬라어로 '디아코니아', '섬기다', '헌신하다' 뜻으로 교회 안에서 행하여지는 모든 봉사를 가리키는 것입니다. 이는 성도가 그 직임에 따라 각자 부여된 영역 속에서 주를 섬기는 일로써 성령의 나타나심의 은사가 됩니다. 짧은 역사 속에서도 고린도 교회는 자발적 충성을 위하여 은사가 넘치는 교회입니다.

3. 책망할 것이 없습니다.

8절 "주께서 너희를 우리 주 예수 그리스도의 날에 책망할 것이 없는 자로..." 고린도 교회 성도에 대한 바울의 감사입니다. 사도는 무엇보다도 그들의 복음적 신앙은 종말론적 신앙으로써 변치 않음에 확신하는 것입니다. 고린도 교회는 주께서 다시 오시는 그 날까지 순수한 신앙이 변함이 없을 뿐 아니라 이러한 점에 있어서는 비난받을 점도 의심할 점도 없는 것입니다. 바울은 그 점에 있어 교회와 성도들을 보증하고 있습니다.

교회 내 분쟁

(고린도전서 1:10-17)

바울은 그의 서신으로 서론을 마치고 본격적으로 자기의 집필 목적에 따라 고린도 교회의 구체적인 문제에 관하여 언급합니다. 그럼 고린도 교회에 당면한 우선적인 문제는 무엇인가? 분명한 것은 교회 내에 분파가 있다는 것입니다. 물론, 교회 성도들은 복음의 터 위에 믿음을 가진 자들입니다. 그렇지만 어떻게 교회 내에 분파가 조성되었는지는 분명하지 않으나 바울은 교회를 설립한 목회자의 안타까운 심정으로 권면합니다. 10절 "같은 말을 하고... 같은 마음과 같은 뜻으로 온전히 합하라"는 헬라어 '카테르티스' 단어로 그물을 수선하여 올바른 상태로 회복시킨다는 뜻입니다. 교회의 표상은 화평입니다. 즉, 바울은 고린도 교인들이 마음과 뜻을 하나로 하는 연합을 이루어 믿음과 사랑으로 이루어지기를 권면합니다. 고린도 교회 내 분파의 현상은?

1. 4개 분파가 있습니다.

12절 "나는 바울에게 나는 아볼로에게 나는 게바에게 나는 그리스도에게 속한 자라..." 어찌 된 일인가? 믿음, 소망의 교회가 분파가 있습니다. 왜? 바울파인가? 바울은 개척자이며 바울로 인하여 개종된 자들이 교회 중심이 되었으므로 바울을 추종한 나머지 다른 지도자들의 영향력을 배척한 것입니다. 그러나 바울은 바르지 못한 충성심이라 지적해줍니다. 아볼로는 알렉산드리아 출신으로 학자입니다. 학문이 많고 성경에 능했고 웅변적인 사람으로 언변이 탁월했습니다.(행 18:24-28) 뿐만 아니라 바울은 고린도를 떠났고 아볼로는 고린도에 머물면서 고린도 교회에 상당한 영향을 주었던 것입니다. 그의 풍부한 학식으로 인해서 지식층 교인들은 더욱 그를 추정하였을 것이고 '최고'라 평가를 받게 된 것입니다. 게바는 베드로의 아랍식 이름입니다. 베드로는 예루살렘 교회의 지도자였으며 예루살렘 교회는 모든 교회에 모 교회였음으로 교회 내 보수적인 태도를 지닌 사람들의 분파라 볼 수 있습니다. 그리스도파는 자기들이야말로 그리스도의 교훈을 따르며 사람 중심의 단파를 조성하지 않는 자들로 자부심을 갖고 있으나 당을 짓는 것은 마찬가지고 분파입니다.

2. 바울은 교회는 화평해야 한다고 권합니다.

13절 "그리스도께서 어찌 나뉘었느냐…" 바울이 "어찌 나뉘었느냐"는 수사적 의문으로 교회 내 분파는 절대 불가능하다는 것입니다. 바울은 인간 지도자를 중심으로 당쟁을 일삼는 것은 그리스도의 십자가의 효험을 무효화시키는 것이며 개인적 신앙에 있어도 주님을 구주로서의 권위를 부정하는 결과임을 심각하게 보여줍니다. 또한, 주께서 이루신 구속 사역을 이룰 수 있는 사람은 아무도 없으며 아무도 그리스도의 자리에 설 수 없다는 것을 지적해 주는 것입니다. 바울은 개인에게는 의와 공로, 자랑거리가 없으며 누구도 주님이나 삼위일체 하나님과 견준다는 것은 어처구니없는 어리석은 일이라고 합니다.

3. 교회의 임무는 복음을 전하는 것이라고 합니다.

17절 "그리스도께서 나를 보내심은… 오직 복음을 전하게 하려 하심이로되…" 바울은 교회의 본질적인 일은 복음을 전하는 것이라고 진술합니다. 복음은 헬라어 '유앙겔리온'으로 십자가의 전파(기쁜 소식)라는 뜻입니다. 바울은 하나님 교회는 오직 복음 전파 외에 다른 행위가 방해되는 요인이 되어서는 안 됨을 강조합니다. 고린도 교회의 파벌 현상은 분명히 복음 전파의 임무에 역효과를 주고 있음입니다. 이러한 행위를 바울은 그리스도의 십자가가 헛되이 되게 하는 것이라고 합니다. '헛되이'는 헬라어 '케노데'로 이름과 형식만 남고 내용은 없어진 상태라는 뜻입니다. 바울은 오직 십자가의 능력은 한마음으로 화목을 이루어질 때 나타날 수 있다는 것입니다. 십자가 능력은 하나님과 인간 사이를 화목하게 했습니다. 죄는 하나님과 인간 사이에 담을 세워 놓았고 하나님과 인간은 원수 관계였습니다. 그러나 십자가의 능력은 이 두 사이의 담을 헐어버리고 인간이 하나님께 나아가 예배하는 은총을 얻게 한 것입니다.

십자가 의도

(고린도전서 1:18-24)

　십자가는 고대 사회에서 죄인을 사형하던 +자 꼴의 형틀입니다. 주님은 인류의 대속 사역을 위해 사형수들을 매달던 십자가에 두 강도와 함께 달리신 것입니다. 죄 없이 주님은 어린양과 같이 세상 죄를 지고 험한 십자가를 지신 것이었습니다. 주님이 빌라도 법정에서 사형선고를 받으실 때 저 무지한 사람들은 당시 유명한 살인자 바라바를 석방하게 하고 주님을 십자가에 못 박게 한 것입니다. 주님이 지신 나무토막의 십자가 무게는 100근(60kg)이었으며 6시간 십자가에 매달리신 것입니다. 바울은 주님의 십자가를?

1. 구원이라 합니다.

18절 "십자가의 도가... 구원 얻는 우리에게는 하나님의 능력이라" 바울은 십자가는 구원을 성취한 사건이라고 합니다. 실로, 주님은 십자가 위에서 "다 이루었다"라고 선언하였습니다. 가상 칠언 중 6언입니다.(요 19:30) 이 선언은 승리의 개가입니다. 마귀 권세 이기시고 죽음의 죄를 정복하신 대속 사역의 성취의 선언인 것입니다. 또한, 주를 믿는 자에게 영원한 형벌에서 영원한 생명을 얻게 하신 구원의 축복적 선언도 되는 것입니다. 주님은 요 5:24절 "내가 진실로 너희에게 이르노니 내 말을 듣고 또 나 보내신 이를 믿는 자는 영생을 얻었고 사망에서 생명으로 옮겼느니라" 주님의 십자가는 구속의 은총의 사건이며 창세전 하나님의 구속의 예정과 계획을 주님의 십자가 위에서 인류 구속사의 성취를 온전히 이루신 것입니다.

2. 고난받은 증거입니다.

23절 "우리는 십자가에 못 박힌 그리스도를 전하니..." 유대인들에게 십자가 사건은 받아들이기 어려운 모순입니다. 유대인들에게 메시야상은 정치적으로 로마 식민지에서 해방이고 옛 다윗

왕국의 실현을 통해 지난날 영화를 꿈꾸고 있기 때문입니다. 또한, 이방인이라 함은 헬라인들을 지칭합니다. 헬라인들은 철학자들로서 이성적 증거를 우선하는데 십자가 사건은 죄인이 대가를 치르는 형벌로 비천하게 인식하고 있었습니다. 그들의 관점은 성육신하신 주님을 불가능한 신화로 보고 거부한 것입니다. 그러나 바울은 주님의 십자가를 증거 합니다. 이사야 선지가 예언한 사 53:5 "그가 찔림은 우리 허물 때문이요 그가 상함은 우리의 죄악 때문이라"의 고난을 통한 속죄의 구원을 증거 합니다.

3. 하나님의 능력입니다.

24절 "그리스도는 하나님의 능력이요..." 십자가는 하나님의 능력입니다. 사람으로는 할 수 없는 구원을 하나님만이 할 수 있는 능력인 것입니다. '능력'은 헬라어로 '뒤나미스' 단어로 우주적, 총체적, 신비적 능력을 모두 가리키는 것입니다. 신약 성경에서는 좀 더 구체적으로 그리스도와 밀접한 단어로 인간의 구원은 하나님의 초월적인 힘에 의해서만이 가능하다는 것을 보여줍니다. 곧, 하나님의 은혜이며 선물입니다. 주 하나님께서 창세전 정하신 뜻대로 이 벌레 같은 인생을 은혜로 택하신 것입니다. 구원의 은총은 인간의 수행, 고행, 공로로 받은 것이 아닙니다. 오로지 주님의 대속의 사건으로 이루어진 하나님의 큰 선물입니다.

복음의 증거

(고린도전서 2:1-5)

바울은 고린도 교회와 성도들에게 참 목회자상, 참 전도자상을 증거해 줍니다. 이미 교회 안에는 자기 취향에 따라 분파가 생겨났기 때문입니다. 바울은 2차 전도여행 시 약 1년 반 동안 고린도에 머물면서 전도했습니다. 당시 바울이 경험한 고린도 성도들은 전도자들을 향한 편견이나 이해 충돌이 없었던 것입니다. 바울은 그때를 회상하기를 권면합니다. 전도자들은?

1. 오직 십자가만 증거 합니다.

2절 "내가 너희 중에서 예수 그리스도와 그가 십자가에 못 박히신 것..." 바울은 죄인들을 위한 그리스도의 죽음에 대해서 언급합니다. 이것은 바울의 고린도 사역의 유일한 복음의 핵심입니다. 바울은 오직 예수 그리스도와 그의 십자가에 못 박하신 것 외에는 어떠한 가르침을 하지 않았습니다. 바울이 이렇게 말하는 것은 바울이 다메섹 회심 때 겪은 체험 때문입니다. 바울은 복음 외에는 속죄와 소명, 구원, 부활이 없기 때문이라는 것을 믿는 것입니다. 바울은 이러한 경험을 통해 그리스도에 관한 복음만이 진리이며 십자가에서 죽으신 그리스도를 전하는 것이 능력이 됨을 증거 합니다.

2. 성령의 능력을 증거 합니다.

4절 "... 다만 성령의 나타나심과 능력으로 하여" 바울은 복음의 능력은 오직 성령이 하시는 사역으로 고백합니다. 복음의 능력은 인간의 언변과 교묘한 말재주를 사용하는 것과 유혹하는 말로 할 수 있는 것이 아니라고 합니다. 이는 십자가의 도가 헛되게 함입니다. 바울은 복음 사역은 성령의 역사로 말미암은 일이며 전도자는 도구가 되는 것이라 합니다. 고린도 교회의 분파는 이성적, 매력적, 웅변적으로 취사선택하여 전도자를 자기 지도자로 삼고 추종하는 데에 있어 심각한 영적 문제가 있습니다.

3. 하나님의 능력을 증거 합니다.

5절 "다만 하나님의 능력에 있게 하려 하였노라" 바울은 믿음의 원천은 하나님이시라는 것을 깨우쳐줍니다. 바울은 인간이 구원 얻는 데 있어 이성에 호소하는 논증이 아니라 하나님의 전적 은혜이며 능력이라고 합니다. 다시 말해 바울은 고린도 성도들로 하여금 믿음의 근거는 오직 하나님의 은혜에 있다고 알립니다. 그리고 사람 중심의 모임으로 분파가 생기지 말고 같은 말, 같은 뜻, 같은 마음으로 교회 안에 지체 의식으로 합치라고 하는 것입니다. 오직 겸손하게 하나님만 섬기며 절대적으로 의지하도록 권면합니다. 비록 바울은 멀리 떨어져 있고 다시 교회를 방문하여 성도들을 보기가 어려우니 교회를 개척한 사도로서 교회사랑, 성도사랑의 목회자 심정으로 진심으로 부탁을 합니다.

영적 그리스도인

(고린도전서 2:12-16)

바울은 영적 그리스도인을 언급합니다. 그 이유는 하나님의 구속의 은혜는 성령이 하시는 사역이고 인간이 구원받는 것도 성령으로 거듭나게 하시어 그 은혜를 깨닫게 하심입니다. 또한, 영적 그리스도인으로 성숙하게 하심입니다. 영적 그리스도인은?

1. 성령을 받은 자입니다.

12절 "오직 하나님으로부터 온 영을 받았으니" 바울은 인간을 구원하시는 은혜는 성령이시며 늘 성도에게 임하심입니다. 세상의 영이란? 영의 세계는 하나님께 속한 영과 마귀에게 속한 영으로 나누어 졌습니다. 하나님께 속한 영은 성령이요 마귀에게 속한 영은 적그리스도의 영, 미혹의 영, 귀신의 영, 거짓 영, 세상의 영으로 나누어 졌습니다.

2. 영적 분별력을 가진 자입니다.

13절 "영적인 일은 영적인 것으로 분별하느니라" 그리스도인은 두 종류의 영적 분류를 할 수 있습니다. 먼저 육신에 속한 자입니다. 곧, 그리스도를 구주로 영접하여 구원의 은총을 받은 자들이지만 여전히 생활은 불신 세계에서 동일하게 살아가는 것입니다. 곧, 세상 풍습, 유행, 관습에 얽매인 육신적 생활입니다. 이는 시대적으로 하나님의 뜻을 분별할 수 없습니다. 하나님의 영광을 위해 살 수 없습니다. 이는 하나님의 영으로부터 감동이 없는 생활 상태입니다. 실로 믿는 자이지만 육을 위해서만 사는 구원받지 못한 자연인과 같은 상태를 가리킵니다. 영적인 생활을 미련하게 봅니다. 14절 "육에 속한 사람은 하나님의 성령을 받지 아니하나니 미련하게 보임이요..." '미련'은 헬라어로 '모리아'로 신체적으로 둔하거나 장애가 있는 것이라는 뜻입니다. 곧, 육에 속한 자들은 성령의 일을 육체적, 물질적 기준으로 평가하기 때문에 복음은 무익하고 무가치한 것으로 신령한 일과 세계를 깨달을 수 없는 것입니다. 영적인 사람은 성령의 사람입니다. 곧, 성령의 교통과 감화

가 있고 성령의 인도가 있습니다. 신령한 세계를 사모하면 체험하

는 영적 그리스도인입니다.

육에 속한 자의 특징

(고린도전서 3:1-4)

사람의 인체에 있어서도 유아기, 유년기, 청년기, 장년기, 노년기로 나누어 육체적, 정신적으로 성장하고 성숙합니다. 영적 생활도 동일합니다. 영적 성장이 되어야 합니다. 바울은 이점에 있어 고린도 교회 교인들을 염려합니다. 고린도 교회 교인들은 영적으로 기형적 상태입니다. 바울은 육에 속한 자들이라고 합니다.

1. 어린아이 같은 자들입니다.

1절 "곧, 그리스도 안에서 어린아이들을 대함과 같이 하노라" 만약 자녀들이 몸은 커져 가는데 학습 능력이나 정신 능력이 또래와 같지 않다면 큰 걱정입니다. 바울에게 있어서도 동일한 염려입니다. 바울은 "어린아이들"과 같은 영적 미숙한 모습이라고 합니다. 어린아이들의 특징은 사고력과 행동반경에 대하여 스스로 교정능력이 부족합니다. 그래서 바울은 그 점을 지적해줍니다. 즉, 고린도 교인들의 영적 상태가 여전히 미숙하고 정제되지 못한 채 상호 편견심을 갖는 교회 내 분파는 하나님이 기뻐하실 수 없는 육적인 행동이라고 규정합니다.

2. 젖으로만 먹는 자들입니다.

2절 "내가 너희를 젖으로 먹이고..." 분명한 사실은 바울은 고린도 교인들에 대하여 애착심을 갖고 있습니다. 그래서 사랑으로 권면합니다. 그들은 분명 영적 어린이들이며 밥은 먹을 수 없고 젖만 먹습니다. 그들은 밥, 고기를 먹으면 체하게 된다고 합니다. 밥은 성인이 먹는 단단한 음식을 가리키는데 고린도 교인들은 어린 신자들이며 특별한 제자 훈련이나 교리 훈련이 되지 못하였음이 자명합니다. 바울은 이 점을 매우 아쉽게 생각합니다. 바울의 고린도 지역 사역은 짧은 기간이었으며 복음의 초보적 핵심 진리를 가르쳤으나 예상 밖으로 교회 내에 분파가 생기게 된 것입니다. 그러나 고린도 교회는 복음 위에 선 교회이고 순수한 신앙 교회이며 은사가 많았고 종말론적 소망이 넘치는 교회였습니다. 바울은 이 점은 감사했습니다. 그러나 영적으로 미숙한 어린아이와 같은 육신에 속한 자들이므로 교회의 분열 위험이 있었으나 바울의 가르침으로 진정될 수 있게 된 것입니다.

하나님의 동역자

(고린도전서 3:5-9)

바울은 교회 내 분파는 바른 교회상이 될 수 없고 영적으로 성숙하지 못한 일이라고 지적합니다. 교회 내 분파의 원인은 인본주의 발상입니다. 사람 중심으로 지도자를 세우고 일방적으로 추종함은 육신적 일을 도모하는 어린아이들과 같은 영적 상태이기 때문입니다. 바울은 그러한 점에서 교회 지도자를 편협적으로 봐서는 안 될 일임을 언급해주고 있습니다. 하나님의 동역자들은?

1. 서로 역할을 분담한 동역자입니다.

6절 "나는 심었고 아볼로는 물 주었나니..." 바울은 고린도 교회의 개척자이며 아볼로는 현재 사역하고 있으며 목회에 좋은 영향을 주고 있는 동역자라는 것입니다. 누가 더 낫고 못하고 평가보다는 서로의 사역을 분담하여 협력하는 동역자로 보아야 함이라고 합니다. 실제로 고린도 교회에 처음으로 복음을 전해준 사람은 바울입니다. 바울은 적어도 1년 6개월은 고린도에 머물러 있으며 많은 사역을 수행했습니다. 또한, 고린도와 인접한 겐그레아 항구까지 복음을 전파하였고 이때 실라와 디모데도 사역에 동역한 것입니다. 복음의 능력은 헌신적인 협력으로 나타나며 마음과 뜻을 모아 동역함은 큰 은혜임을 보여줍니다.

2. 복음의 사역 주체는 하나님입니다.

7절 "오직 자라게 하시는 이는 하나님뿐이니라" 바울의 이 믿음은 오늘날 복음사역을 위해 부름 받은 모든 사역자들에게도 적지 않은 충격을 줍니다. 복음사역을 내 직업, 내 소유 의식으로 집착하는 경우는 분명 비성경적입니다. 바울은 "오직 자라게 하시는 이는 하나님뿐이라" 합니다. 모든 복음의 사역 주체는 하나님이시며 하나님이 사역의 열매를 맺게 하심을 언급합니다. 실제 바울이 처음 복음을 전해주었고 그의 동역자 아볼로가 복음을 자세히 해석하여 가르침을 증명합니다. 아볼로가 처음 바울을 만났을 때는 부족한 면이 있었습니다. 그는 알렉산드라 출신입니다. BC 332

년 알렉산더 대왕이 세운 해양도시이며 학문 중심의 교육도시도 됩니다. 유대인들이 많이 살고 있었습니다. 아볼로는 이곳에서 자라고 학문성을 갖춘 지식인이며 언변이 뛰어나고 구약성경에 능통한 뛰어난 인물입니다. 그러나 그도 복음에 대하여 생소합니다. 주 예수의 죽음, 부활, 오순절 복음 내용에 대해서는 들은 적이 없었고 구약성경에만 능통한 학자였습니다. 그가 바울의 일행을 만나서 복음을 믿고 배우게 되었으며 바울의 일행과 함께 사역의 동역자가 되었음은 하나님의 복음적 섭리였습니다.

3. 동역자들은 일한대로 상 받는 자들입니다.

6절 "... 각각 자기 일한대로 자기 상을 받으리라" 동역자들은 임무와 역할의 직위가 중요한 것보다는 하나님 앞에서의 믿음의 중심이 어떠한가의 문제가 중요합니다. 사역의 성과와 영향력은 하나님이 하신 일이며 그 일에 쓰임 되는 자들은 하나님 앞에서 쓰임 되는 도구뿐이라는 믿음을 언급해줌은 의미심장합니다. 사역의 결산시 칭찬받는 종이냐 책망받는 종이냐가 '상급'에 중요한 것이라는 것입니다. 복음의 사역은 내 일이 아닙니다. 하나님의 일입니다. 그러한 면에서 믿는 자 모두는 복음의 도구가 되어야 하는 믿음이 중요합니다.

만물의 찌꺼기

(고린도전서 4:9-13)

바울은 먼저 자신을 낮춥니다. 그는 자신이 사도 된 것은 전적으로 하나님의 은혜이며 자신은 교회와 성도 앞에 작은 자보다 더 작은 자라고 합니다. 그런 면에서 사도들은 이 믿음으로 부르심의 사명을 위해 사는 자들이며 사람들 앞에서 돋보여 우월심과 명예심을 나타냄이 아니라는 것을 고린도 교회 성도들에게 언급합니다. 그런 면에서 사도들과 바울은 만물의 찌꺼기같이 되었다는 것입니다. 만물의 찌꺼기란? 찌꺼기는 헬라어 '페립세바' 단어로 맑은 물로 닦아내고 문질러야 없어지는 옷, 물건, 사람 몸의 때를 뜻합니다. 이 의미는 사도들은 주의 은혜로 부름 받고 주의 은혜로 매일 사는 자이며 오직 주의 은혜로 쓰임 받는 도구가 될 뿐입니다. 곧, 자신의 역할과 임무에 자랑거리가 있을 수 없다는 것입니다. 바울은 지난날도 또한, 현재도 미래도 이러한 믿음으로 사역을 한다는 것입니다. 사도들이 만물의 찌꺼기 같다는 것은?(13절) 복음을 위해?

1. 구경거리가 된 자들입니다.

9절 "... 천사와 사람에게 구경거리가 되었노라" 구경거리란? 헬라어 '쎄이트론'으로 극장과 원형 경기장에서 맹수들에게 찢겨 죽어간 경기자들의 뜻으로 바울은 구속을 완성하신 주님을 본받아 고난을 각오하고 순교자의 믿음으로 사역을 위해 사는 것이라 설명합니다. 그러므로 바울은 앞으로 자신도 순교자 대열에 서야 함은 물론이고 항상 사랑과 소망, 믿음으로 성도 간에 화합하며 헛된 인간의 욕망을 위한 분파를 중지하고 허세를 버리라고 합니다.

2. 비천한 자들입니다.

10절 "... 너희는 존귀하나 우리는 비천하고..." 바울도 육신적으로 슬픈 마음을 표현합니다. 고린도 교인들은 재정력이 있고 학문성이 있는 지식인들입니다. 그러한 면에서 우월감, 공명심, 허영심이 있게 되고 자신들의 모임이 곧 교회의 분파를 가져온 것입니다. 바울은 그의 선교 여정의 끊임없는 고난 중에 주의 인도 하심만이 위로요 고난을 극복할 수 있는 힘이었던 것입니다. 고 린도 교인들과 극과 극으로 비교됩니다. 믿는 자로서 고난보다는 풍부한 고린도 교인들은 귀족풍과 같은 생활이지만 바울은 고난 으로 늘 어려웠습니다. 그래도 바울은 후자인 자신의 삶을 본받으 라고 부탁합니다.

3. 고통받는 자들입니다.

11절 "바로 이 시각까지 우리가 주리고 목마르며 헐벗고 매 맞 으며 정처 없고..." 사도들은 고린도 교인들과 대조를 이룹니다. 한쪽은 복음이라는 이름으로 배부름과 부요 속에서 서로 편을 갈 라서 왕 노릇하고 있습니다. 또 다른 한쪽에서는 복음을 위하여 굶주림, 매 맞음, 헛벗음으로 계속하여 고통을 받는 비천한 생활 을 합니다. 부요함, 배부름, 풍부가 나쁜 것은 아닙니다. 그러나 풍부의 우월심으로 높아짐과 왕 노릇 하려 함이 비정상적인 교회 상입니다. 언제나 그리스도인은 눈에 보이는 가치를 평가하고 사 는 것보다 보이지 않는 신령한 세계를 중요시해야 합니다. 늘 영 적 각성을 촉구하는 것입니다. 눈에 보이는 것이 있어도 없는 것 같이, 없어도 있는 것 같아야 합니다. 어느 경우든지 늘 감사하며 찬송하며 사는 '종'으로서 '섬김'으로써의 삶이 아름답습니다. 바울은 고린도 교인들이 아직 어린 신자이며 젖으로만 먹고 고기로는 먹지 못함에 대하여 깊이 이해하고 있으나 영적 미숙한 상태로 머물러 있지 말라고 촉구합니다. 더욱 깊이 알고 배우고 주님을 본받는 그리스도인들로 자라기를 바라고 있습니다.

사귀지 말라

(고린도전서 5:9-13)

　고린도 교회는 성도 간의 분파가 생긴 문제뿐만 아니라 부도덕성의 문제(5:1), 우상숭배와 우상 제물을 먹는 부정한 일을 금지하지 않는 육적인 문제가 있습니다. 바울은 단호히 교회 내에 '성결' 유지를 견책합니다.(9절) 곧, "사귀지 말라"입니다. 사귀지 말라함은?

1. 불신자를 언급함이 아닙니다.

　10절 "이 말은 이 세상의..." 바울이 언급한 "이 세상"은 불신 세계를 뜻합니다. 불신 세계는 이미 죄로 오염이 되었고 부패한 곳입니다. 고린도 교회 일부 교인들이 세상의 음행한 것과 타협하으로 말미암아 이 타락성에서 구별되어 거룩한 백성으로 살 것을 단호하게 언급합니다. 곧, 세상에 향락과 악에서 벗어나야 하는 것입니다. 바울은 간곡한 견책에도 돌이키지 않는 자들과는 사귀지 말라고 합니다. 물론, 고린도 도시는 타락한 곳입니다. 바울은 그 도시에 거하는 불신자들과 "사귀지 말라"라고 하는 것은 아닙니다. 그렇다고 세상과 동화를 뜻하는 것도 아닙니다. 또한, 고린도 지역을 떠나 다른 도시로 이사 가라는 것도 아닙니다. 교회 내 믿는 자들 중에 악한 본을 보이는 자들과 교제를 포기함으로 '성결'을 유지하라는 것이며 악을 미워하고 거룩한 교인으로 고난의 삶을 선택하는 일입니다.

2. 형제라 불리는 자들에게 해당됩니다.

11절 "... 만일 어떤 형제라 일컫는 자가..." 바울은 10절에 나열된 악의 종류를 덧붙여 2가지 더 나열합니다. '모욕'과 "술 취함"입니다. 모욕이란? 헬라어 '로이도로스' 단어로 다른 사람에 대한 욕설이나 비방을 서슴지 않고 행하는 일입니다. 또한 "술 취하는 것"입니다. 술 취함은? 방탕한 것입니다. 타락의 상징입니다. 바울은 이러한 일을 행하는 자들이 형제라는 그리스도인의 명분을 가지고 있으나 사실 더 이상 그리스도 안에 있는 자들이 아니며 악한 자들의 손에 있는 자임을 강조합니다. 즉, 고린도 교인들은 형제라 일컫는 자 중에 공공연히 범죄 하고도 회개할 줄을 모르는 사람들이 있을 때 그들과의 교제를 단절할 뿐 아니라 그들을 탈퇴시켜야 한다는 것입니다. 이것이 범죄자에게도 유익이 될 뿐 아니라 교인들을 보호할 수 있는 최선의 방법이기 때문일 것입니다. 오늘날도 타락한 도시에 거하는 그리스도인들에게 세상과 구별된 거룩성을 유지하는 것이 세상을 이기는 능력이 됩니다. 세상의 타락성을 교회 안에서 떼어내야 합니다.

왜 고발하는가?

(고린도전서 6:1-7)

고린도 교회에는 성도 간에 고발 건이 발생합니다. 그러나 바울은 단호하게 고발 건을 세상 법정에서 판단받는 것을 거부합니다. 그것은 교회 공동체가 판단할 수 있는 권리와 의무를 포기한 채 세상 법정에 제소하는 것은 심판자이신 하나님에 대한 신뢰를 잃어버리는 것이며 세상 앞에 부끄러움을 범하는 것이라고 합니다. 왜? 성도 간에 고발을 거부합니까?

1. 성도간 해결해야 하기 때문입니다.

1절 "... 성도 앞에서 하지 아니하느냐" 무슨 뜻입니까? 성도 간에 분쟁이 생겼을 때에 형제간에 해결해야 한다는 것입니다. 당시 이방 종교의 공동체나 유대 랍비들도 스스로 분쟁을 해결하는 관행을 가지고 있음에도 불구하고 성도 간 분쟁을 교회가 스스로 해결 못하는 것은 부끄러운 일이 아닐 수 없습니다. 또한, 형제를 세상 법정 판결에 따라 괴롭히는 것은 하나님을 부인하고 세상 법관을 절대시 하는 분명한 불신앙인 것입니다.

2. 교회 내 화해자가 있어야 하기 때문입니다.

5절 "그 형제간에 일을 판단할 만한 지혜 있는 자가 이같이 하나도 없느냐" 주 예수님이 화목제물 되심으로 하나님과 인간을 화목하게 하셨습니다. 마찬가지로 성도 간에 분쟁을 화평하게 할 자가 있어야 할 것을 권고하는 것입니다. 즉, 어떤 경우든지 성도 간 분쟁은 조정자의 중재 역할이 바람직한 경우라는 것입니다. 그러나 고린도 교회 교인들은 이러한 화해자를 한 사람도 찾지 못한 것입니다. 바울은 이 점을 부끄럽다고 합니다. 여전히 육적이며 미성숙한 영적 수준이기 때문입니다. 교인들 간 법정으로 끌고 간 것이 불신 재판장 앞에서 부끄러운 일이므로 고발을 취하할 것을 권하면서 어리석은 자가 되지 말라는 것입니다.(6절)

3. 고발 취하를 명령합니다.

　7절 "차라리 속는 것이 낫지 아니하냐" 신앙적으로 처음부터 세상 법정에 고발하지 말아야 합니다. 혹, 고발을 하여도 취하를 하라고 합니다. 고발 문제는 세상 법정에 형제를 정죄하고 처단시키고자 하는 의도된 목적이 있습니다. 그러나 세상 법관을 통한 인간사 문제 해결은 신앙적 방법이 될 수 없는 불신앙의 형태가 됩니다. 그런 면에서 바울은 7절 下 "차라리 속는 것이 낫지 아니하냐" 혹, 손해가 있더라도 형제를 위하여 신앙의 길로 결정하라는 적극적 명령입니다. 여기에서 바울의 주장은 단호합니다. 교인들 사이의 문제를 법정 소송에 의하여 해결하려는 그 자체가 악한 일이고 미혹된 일이며 완연한 허물이라고 지적하는 것입니다. 차라리 스스로 이러한 고통을 기꺼이 감수하는 것이 낫다고 말합니다. 그것은 예수의 가르침을 따라 자신이 희생하고 양보하는 것입니다. 그 희생은 눈에 보이는 물질적 손해일뿐 아니라 정신적으로도 고통을 감수하는 양보라고 할 수 있습니다. 이러한 일들을 돌이키지 않는 것은 마귀에 사로잡혀 미혹된 것이며 그 불의는 하나님 나라를 유업으로 얻지 못하는 큰 악임을 규정해 줍니다.(9절 上, 10절 下)

그리스도인의 혼인

(고린도전서 7:1-7)

바울은 고린도 교인들의 실제 생활문제를 거론합니다. 당시 고린도 지역은 유흥문화로 타락상이 심하였습니다. 불신자들의 방종으로 인해 성도들은 성적 무질서에서 바르고 정상적인 결혼 생활을 도모하도록 훈계합니다. 그리스도의 혼인은?

1. 경건한 생활을 보존합니다.

2절 "남자마다 자기 아내를 두고 여자마다 자기 남편을 두라" 하나님은 결혼제도의 창시자입니다. 한 남자와 한 여자가 부모를 떠나 정신적, 신앙적, 육체적으로 연합하여 한 몸을 이루는 것입니다. 즉, 결혼의 원리는 일부일처의 제도인 것입니다. 당시 고린도 지역의 일반 불신자들은 타락하여 성적 방종이 난무하였으므로 자신을 거룩하게 유지할 수 있는가를 말하고 있습니다. 곧, 순결을 지키며 도덕적 질서를 유지하기 위한 최선의 방법을 제시합니다. 그것은 하나님이 제정하신 결혼제도입니다. 결혼한 남편과 아내는 상호 간 '의무'를 지켜야 할 규정이 있습니다. '의무'는 헬라어로 '오페일렌' 단어로 부부가 서로 간에 져야 할 '채무'라는 뜻입니다. 이는 단순한 권고가 아니라 강제적인 명령으로 충실한 책임 이행을 요구하는 것으로 특히 성생활에서의 의무를 요구하는 것입니다. 이로써 고귀한 혼인의 가치를 보존해야 할 의무가 있음을 시사해 줍니다.

2. 영적 승리를 위함입니다.

5절 "사탄이 너희를 시험하지 못하게 함이라" 남편과 아내 사이를 벌어지게 하거나 고귀한 가정을 깨뜨리려는 주범은 사탄입니다. 사탄은 하나님이 축복한 가정을 시샘합니다. 사탄은 인류의 첫 가정에도 큰 시험을 주어 타락하게 만든 장본인입니다. 가정은 늘 행복해야 합니다. 생각과 마음, 뜻과 성적 생활이 분리되지 않는 것입니다. 사탄은 시험을 줍니다. 부부를 틈이 나게 하고 비밀이 생기게 하고 정을 식게 만듭니다. 불신하게 합니다. 불행입니다. 그래서 바울은 기도시간 외에는 서로 떨어지지 말고 빨리 합하라고 합니다. 왜냐하면 당시에도 결혼을 했어도 혼자 사는 것처럼 행세하여 무절제 생활로 부부간 의무를 저버리는 타락이 비일비재했던 것입니다. 바울은 부부간 서로 간에 가지고 있는 권리와 의무를 사탄에게 뺏기지 말라고 합니다.

우상과 재물

(고린도전서 8:1-12)

　참으로 고린도 교회는 문제도 많이 있습니다. 우상에게 바쳐진 제사 제물을 먹는 문제가 발생하였고 논란이 되었던 것입니다. 고대 도시들에서 종교적 제의에 사용된 음식물들은 사제들이 처분하였으나 다 처분하지 못하고 시장에 판매하였습니다. 사실 제물과 순수한 음식을 식별할 수 없었으나 얼핏 가격 면에서 싼 편이므로 분간할 수 있었으며 우상의 제물이 오염된 음식이라 싸게 사서 먹게 된 것입니다. 바울은 우상과 제물에 대하여 단호하게 거절합니다. 그 이유는?

1. 우상은 어리석은 허상입니다.

4절 "우상은 세상에 아무것도 아니며..." 우상의 실체는 없는 것과 마찬가지입니다. 우상 자체를 인간이 만들어 낸 것과 다를 바가 없는 것으로 우상의 존재는 실질적으로 없는 것입니다. 하나님은 우상을 싫어하십니다. 십계명 중 2계명에 "너를 위해 우상을 만들지 말고" 금지합니다. 즉, 우상이라고 하는 것은 인격적 실체도 아니고 아무런 능력도 없는 것이며 인간이 착안하고 고안하여 만든 맹목적인 대상입니다. 우상은 '돌', '금', '은', '나무' 등으로 새깁니다. 우상은 인간의 이기심과 그릇된 종교적 심성이 결탁되어 하나님께 가까이 가지 못하도록 미혹하게 합니다. 아담의 타락 이후 인간은 하나님과의 관계가 단절되어 보이지 않는 하나님에 대하여 영이 어두워지고 눈에 보이는 가시적 형상들을 만들어 즐겼는데 이는 인간들이 우상을 구복의 대상으로 삼고자 하는 헛된 어리석음에서 비롯된 것입니다. 또한, '형상'도 만들지 말라고 합니다. 모세는 신 4:16절 "남자의 형상이든지 여자의 형상이든지...", 17절 "짐승의 형상이나 어떤 새의 형상..." 만들어 섬기지 못하도록 합니다. '형상'의 단어는 히브리어로 '데무나'로 자연물 형체를 형상화시켜 경배 대상으로 만드는 것입니다.

2. 경배의 대상은 하나님뿐입니다.

6절 "우리에게는 한 하나님이 계시니 만물이 그에게서 났고..."
바울은 오직 유일하신 분은 하나님이시라는 '유일신'을 강조합니
다. 즉, 우상의 허구성을 언급합니다. 뿐만 아니라 지구상에 있는
모든 이방신은 비실제적 존재임을 지적합니다. 하나님은 유일하
신 분이시며 성도의 아버지가 되십니다. 만물이 하나님께로부터
창조되었으며 세상의 절대적 통치자입니다. 곧, 하나님 외에는 다
른 신은 없습니다. 이는 다신교, 범신론적 신관은 철학적 학문에
불과할 뿐입니다. 바울의 만물이 하나님께로부터 난 것이라는 것
은 창조신앙입니다. 또한, 하나님을 아버지라 부르게 된 것은 하
나님의 인격적 사랑을 나타냅니다. 성도가 하나님을 아버지라 부
르게 됨은 구속적 주님의 중보적 사역을 통하여 이루어진 특권입
니다. 주님도 마 6:9에 "하늘에 계신 우리 아버지여"라고 기도의
모본을 보여주십니다. 하나님의 칭호를 구약에서는 '아버지'라고
한 적이 없습니다. 오직 신약에서만 예수님으로 인한 새 언약의
표시로 부르게 된 것입니다. 과연 "우리 아버지"는 어떠한 분이신
가? 따뜻한 부성을 가진 우리가 믿고 의지할 수 있는 유일한 분이
시며 항상 친밀히 자녀를 돌보시고 지키시는 유일하신 분이십니
다. 이는 성도와 하나님 사이에 독특한 관계성을 정립시켜 주는
말로 불신자들에게는 해당되지 않는 것입니다. 이런 의미에서 아

무에게나 하나님을 무분별하게 아버지라 할 수 없는 것입니다. 왜냐하면 하나님은 모든 세속과 악에서 구별되며 절대 무흠하신 지존자요 유일한 예배와 경배의 대상이 되시기 때문입니다.

3. 우상의 제물은 귀신에게 바치는 것입니다.

12절 "너희가 형제에게 죄를 지어 그 약한 양심을 상하게 하는 것이 그리스도께 죄를 짓는 것이라" 왜? 바울은 어떠한 배경에서 이 말을 합니까? 사실 우상에게 바친 제삿물(음식 등)은 귀신에게 드리는 것입니다. 고전 10:20 "무릇 이방인이 제사하는 것은 귀신에게 하는 것이요"라고 바울은 말합니다. 곧, 우상의 배후에 영적 존재가 있다면 귀신임을 시사합니다. 당시 헬라인들이 섬기는 신들은 주피터, 아폴로, 비너스 등 신화에 근거해 의인화된 신들로 실제 존재하지 않지만 배후에는 그것을 이용하여 사악한 힘. 곧, 사탄 세력이 역사하고 있음을 바울은 지적합니다. 우상 자체는 결코 신적인 존재들이 아니나 그 배후에 활동하는 영적 존재들이 있습니다. 귀신입니다. 귀신은 헬라어로 '다이모니오이스'로 뜻은 '하급신', '잡신'을 의미하며 그리스도인들 앞에서는 힘이 없는 존재들입니다. 그런데 고린도 교회 안에서는 우상 제물에 대하여 어떤 문제가 있습니까? 성도 가운데 우상은 아무것도 아니며 우상 제물을 단순한 식물로 생각하고 먹으면 영적 문제가 안 되는 것입니다. 그러나 대체로 고린도 교회에 다수가 믿음이 연약한 자로 우상의 제물은 먹으면 마법적인 효력을 가지고 있다는 거짓 신앙에서 벗어나지 못하는 위험이 있음을 지적합니다. 그러므로 우상 제물을 연약한 교인을 위해 먹지 말라는 것입니다. 이는 그리스도인의 자유는 모든 죄와 사망으로부터 해방된 것입니다. 그 자유를 남용하여 우상 제물을 먹는 것을 보고 약한 형제들은 귀신에게 복을 받는다는 인식으로 우상 음식을 먹는다면 죄를 짓는 것이라 단호히 설명합니다. 헬라인들은 자기들 신전에 향연을 베풀 때 첫 번째 술잔은 '주피터'에게 두 번째 술잔은 '주피터'와 '님프', 세 번째 술잔은 '주피터'와 '소티'에게 바쳤습니다. 이는 술 한잔과 고기가 우상의 이름으로 축복이 된다는 것을 인정하는 행위입니다. 그러므로 바울은 어떤 경우든지 우상 제물을 먹지 말라는 것입니다. 더욱이 약한 자들이 우상 제물을 먹는 것을 보고 담력을 얻어 우상 제물이 복의 근원이라는 허상을 갖지 못하도록 '건덕'을 세우도록 가르치고 있습니다.

사도의 권리

(고린도전서 9:1-12)

　　고린도 교회 일부에서 바울의 사도직에 대한 비난과 의문이 있었습니다. 이에 대하여 바울은 자신의 사도직의 정통성을 변호하며 곧이어 사도의 권리를 주장합니다. 동시에 그는 고린도 교회를 통하여 재정적 도움을 받을 권리가 있지만 복음 전파의 순수성 유지를 위해 그것을 포기하였다고 천명하고 있습니다. 바울은 사도의 권리에 대하여?

1. 주님께로부터 사도가 된 것이라 합니다.

　　2절 "나의 사도 됨을 주안에서 인친 것이라" 바울은 자신의 사도권을 주님이 '인' 치신 것이라고 증명합니다. 여기서 '인'은 헬라어 단어로 '스프라기스'이며 일정한 모양을 새기는 도구로 소유권을 증명하는 표시를 뜻합니다. 사실, 바울로 말미암아 교회가 설립되고 교인들은 주님을 영접하였고 믿음을 소유하게 된 것입니다. 이는 바울이 사도라는 사실을 입증하는 분명한 증거입니다. 주님이 부르시고 세우셨으며 복음의 합당한 그릇으로 쓰시는 것입니다. 그런데도 교회 내 분파로 인하여 바울의 사도권을 인정하지 않는 자들에 대하여 사도권을 의심치 말 것을 변호하게 된 것입니다.

2. 사도에게는 권리가 있습니다.

4절 "먹고 마실 권리가 없겠느냐" 이 말은 무엇을 의미합니까? 이는 사도들은 교회에 공적 임무를 맡은 자들로 생계에 필요한 물질적 생활비를 받을 권리가 있음을 뜻합니다. '권리'는 헬라어 '엑수시안'으로 마땅한 보수, 보상이라는 뜻인 것입니다. 뿐만 아니라 사도들 중에 요한과 바울만 결혼을 하지 않았고 다른 제자들은 자녀까지 있었으므로 식솔까지 필요한 생계 수단을 지원해야 하고 받을 권리가 있음을 주장합니다. 더욱이 고린도 교회는 재정력이 풍부한 교회였습니다.

3. 바울은 사도의 권리를 주장하지 않았습니다.

12절 "그러나 우리가 이 권리를 쓰지 아니하고 범사에 참은 것은... 복음에 아무런 장애가 없게 하려 함이로다" 혹자는 바울이 선교비, 생활비를 지원받지 못함은 낮은 등급의 사도이기 때문이라는 주장이 있습니다. 그러나 바울은 교회를 세운 개척자로서 다른 사도들보다 더 재정지원을 받을 권리가 있었습니다. 그러나 재정적 지원을 바라지 않았습니다. 그 이유는 복음에 장애가 있기를 바라지 않는 것입니다. 사실 바울은 3차 전도여행 중에도 지난날처럼 온갖 궁핍으로 고통을 받고 있습니다. 그러나 재정지원으로 인하여 일부 교인들 중 불만이 생기거나 삯꾼으로 비칠 오해가 있기에 그럴 바에는 늘 순수하게 복음을 위해 헌신하는 것과 물질에 얽매이지 않음으로 바울은 사도의 권리를 포기한 것입니다. 바울은 주님의 진정한 종입니다. 그렇기에 하나님은 바울을 쓰신 것입니다. 다메섹에서 회심한 후 로마에서 순교하기까지 온전한 주님의 사도로 하나님의 은혜로 산 것입니다. 그런 중에도 하나님은 순수한 동역자, 평신도 사역자를 통해 아무 사심 없이 물심양면으로 바울을 협조하게 하셨습니다.

복음의 부르심

(고린도전서 9:16-22)

바울은 평생 복음의 빚진 자로 살았습니다. 그는 복음을 위해 사는 것만 해도 은혜였음을 고백합니다. 그로 인해 사도로서 권리를 인정받지 못하고 사도권 조차 의심을 받는 일도 빈번했지만 바울은 개의치 않았던 것입니다. 그는 복음의 부르심으로 산 것입니다.

복음을 위한 그의 심정은?

1. 사명입니다.

17절 "나는 사명을 받았노라" 바울이 선교 사역을 감당하는 것은 그 일을 통해서 갖게 되는 즐거움과 보람 때문이라기보다는 그 사명이 주께로부터 주어진 일이었고 그가 부득불하지 않으면 안 되는 것으로 알고 헌신하는 것입니다. 즉, 그가 복음 사역을 감당하게 된 것은 사명 때문입니다. 당시 사명을 맡은 자는 청지기인데 노예 계급에 속한 것으로 노예들은 자신들에게 주어진 임무를 완수했다고 하여도 어떠한 보상을 기대할 수 없었습니다. 다만 그들이 임무를 완수하지 못하면 엄한 처벌만이 있을 따름입니다. 바울은 이러한 심정으로 부름 받은 자로서 헌신함을 전합니다.

2. 종으로서 입니다.

19절 "스스로 모든 사람에게 종이 된 것은…" 종이 된다는 것은 완전 자기 포기입니다. 사실 복음 사역은 자신의 편협, 편견을 버리지 못한다면 실패합니다. 그런 면에서 자신의 모든 것이 없어져도 좋다는 뜨거운 사랑의 심정을 잘 보여줍니다. 이것은 바울 자신을 부정하는 원리이고 이로 인해서 복음 열매가 맺히는 성령의 역사가 있게 된 것입니다. 20절 "유대인들에게 내가 유대인과 같이… 율법 아래에 있는 자들에게는 내가 율법 아래에 있는 자 같이 된 것은…" 이 말은 무슨 뜻입니까? 혹, 아첨이나 비굴한 언행 심사는 아닌가 의구심이 듭니다. 그러나 복음 전파를 위한 효과적 방법론입니다. 바울 역시 유대인이지만 진정한 구원은 오직 예수 그리스도를 믿는 믿음으로서만 되어진다는 신앙입니다. 그러나 자기의 동역자이며 제자였던 디모데에게 유대인의 상징인 할례를 시행하도록 하였으며 예루살렘에서는 결례를 행하도록 함은 효과적 복음 전파의 전략 때문입니다. 또한, 율법 아래에 있는 자처럼 행한 것은 복음을 순수하게만 받아들인 유대인 그리스도인, 이방인 그리스도인을 뜻합니다. 오직 그리스도를 통하여 하나님께 바르게 나아가며 그들에게는 율법이 개입할 여지가 없었던 것입니다.

3. 몇 사람이라도 더 구원하고자 함입니다.

22절 "아무쪼록 몇 사람이라도 구원하고자 함이나..." 바울은 한 영혼을 천하보다 귀하게 여기시는 주님의 사랑의 심정을 갖습니다. 어떠한 경우든지 몇 사람이라도 구원받는 주님의 은총이 자신의 사역으로 인하여 있게 되기를 사도로서 바라는 간절한 심정인 것입니다. 눅 15:4절에서 주님도 양 우리의 99마리 양을 두고 잃어버린 한 마리 양을 찾아 들과 산으로 나아가는 선한 목자상을 비유로 말씀하셨습니다. 목자는 한 마리 잃어버린 양을 찾았을 때 기뻐하였으며 잔치를 배설했습니다. 이는 하늘에 계신 아버지의 뜻입니다. 눅 15:7절 "죄인 한 사람이 회개하면 하늘에서

는 회개할 것이 없는 의인 아흔아홉으로 말미암아 기뻐하는 것보
다 더하리라"입니다.

구름과 바다

(고린도전서 10:1-4)

바울은 이스라엘 공동체가 구약 교회였고 그 후 기독교 교회의 근원이 되었다고 합니다. 곧, 이스라엘 공동체가 출애굽 한 후 홍해를 건너서 광야에까지 나왔습니다. 그리고 광야에서 40년 지냈을 때에 성막을 통하여 제사를 드리면서 자신들을 구원하신 하나님께 구원의 감사제를 드렸던 것입니다. 이는 광야의 최초 교회입니다. 바울은 이스라엘 출애굽 사건과 광야 생활을 기독교회라고 연결시킵니다. 교회론의 영적 이해를 설명하며 고린도 교인들에게 영적 각성을 가질 것을 촉구합니다. 교회의 영적 의미는?

1. 은혜로 택한 자들입니다.

1절 "우리 조상들이 다 구름 아래에 있고 바다 가운데로 지나며..." 이스라엘 백성들은 애굽에서 430년간 종살이를 했습니다. 그들은 애굽 왕과 애굽인들에게 시달리며 종으로 3-4대를 살아온 것입니다. 그러나 하나님께서는 시내산에서 모세를 부르시고 그의 백성들을 출애굽 하게 하신 것은 하나님의 구원이 능력있게 나타났는데 어린 양의 문설주의 피는 앞으로 십자가에서 피 흘리실 주님을 예표한 것입니다. 애굽에서 출애굽 사건은 '은혜'입니다. 바울은 이 은혜를 구름 아래 우리 조상들이 있었다고 합니다. 또한, 바다 가운데로 지났다고 합니다. 이 표현은 홍해를 이스라엘 백성들은 무사히 도하하고 반면에 뒤쫓아오는 애굽인들은 수장되었다는 것입니다. 홍해에서 구원은 하나님의 '은혜'였습니다. 곧, 이스라엘은 하나님의 구원을 위한 택한 자들입니다.

2. 거룩되이 구별된 자들입니다.

2절 "세례를 받고..." 이스라엘 사람들은 홍해 앞에서 물이 갈라지는 것을 목격했습니다. 또한, 바다 가운데로 건너간 경험을 한 자들입니다. 이때 구름과 바다는 이스라엘 백성을 애굽인들과 공간적으로 차단해 주는 역할을 하였고 동시에 무사히 홍해를 지날 수 있었습니다. 그것은 하나님의 백성을 세상으로부터 구별을

해 준 것입니다. 곧, 홍해 사건으로 인하여 지난날 애굽 생활은 다 잊어버린 불필했던 과거가 되었고 이제는 구별된 거룩한 사람이 된 것입니다. 이를 하나님 사랑과 능력으로 새 사람의 새 생활로써 변화된 '세례'를 뜻하는 것입니다. 세례란? 헬라어 '밥티스마'로 "씻는다", "깨끗하게 한다"라는 뜻입니다. 곧, 육체는 죽고 그리스도 안에서 다시 태어남을 상징하는 것입니다. 이는 그리스도인으로 새 생명을 얻고 새 생활하는 자, 거룩하고 경건한 자로서 날마다 성령으로 지음 받는 자로만 살 때에 하나님께 영광을 돌릴 수 있습니다.

3. 그리스도와 연합된 자입니다.

4절 "... 그 반석은 곧 그리스도시라" 바울은 교회의 신비는 그리스도시라 설명합니다. 반석은 그리스도시라는 것은 신명기 32:4, 15, 18절 등에서 하나님은 반석으로 비유했고 이사야는 여호와를 "능력의 반석, 영원한 반석"(사 17:10), 다윗은 시 62:2 "오직 그만이 나의 반석이시오"라고 했기 때문입니다. 왜? 주님을 반석이라 합니까? 반석은 넓고 평평한 큰 돌입니다. 이는 구원의 확고부동한 기초이며 견고함을 말해줍니다. 더욱이 구약에서는 하나님은 보호자시요 피난처 되심을 상징적으로 표현해줍니다. 영적 의미로는 주님과 성도와 연합인 교회를 뜻합니다. 교회의 신비는 오묘합니다. 먼저 교회의 정의는 주님의 몸이요 성도는 몸의 지체입니다. 떼려야 뗄 수 없습니다. 불가분의 관계성으로 연합된 한 몸입니다. 주님은 음부의 세력이 교회를 이길 수 없다고 이미 승리를 선언하셨습니다. 성도는 교회의 지체로써 교회를 세우는 일에 연합되고 교회를 통해 천국 소망의 유업이 되어야 합니다.

말세에 경계할 일

(고린도전서 10:5-11)

이스라엘 광야 생활을 할 때에 영적 방해물이 있습니다. 눈에 보이는 것들입니다. 이를 따라 사는 것이 육신의 생활에 크게 미혹되는 요인들입니다. 바울은 미혹받지 말라고 합니다. 이스라엘 사람들이 광야에서 죽임을 당한 것은 하나님이 기뻐하지 않으셨기 때문입니다. 바울은 고린도 교인들에게 이러한 일들을 본받지 말고 경계하라 명합니다. 광야 생활에 미혹하게 하는 일은?

1. 우상숭배입니다.

7절 "너희는 우상숭배 하는 자가 되지 말라" 충격적인 사실은 고린도 교인 중 일부가 이교도들의 관습 즉, 우상의 신전에서 열리는 연회에 참가함으로써 우상숭배의 행동을 범한 것입니다. 당시 고린도는 고대 그리스의 매우 유명한 도시 중 하나입니다. 더욱이 200년 동안 무역으로 막대한 이득을 얻었고 그리스의 상업 도시 가운데 가장 번성했던 것입니다. 그러나 이 지역은 헬라 문화권의 신전이 많이 있었는데 대표적 신전은 아폴로 신전과 비너스의 신전입니다. 곧, "사랑의 여신"들로서 여사제들이 제사를 집례했는데 그 여사제들은 실제 창녀들이었으니 음란한 우상숭배의 행사였던 것입니다. 더욱이 이 신전에 드려진 제물을 고린도 교인들이 먹는 것이었습니다. 바울은 단호히 이 신전의 연회에 참석하는 것과 제물을 먹지 말라고 언급합니다. 그래서 (출 32장 사건) 과거 이스라엘 사람들이 광야에서 금송아지를 만들어 놓고 이 금송아지가 애굽에서 인도한 '신'이라 하며 범죄 한 사건을 상기시키고 있습니다.

2. 육적 일입니다.

8절 "그들 중의 어떤 사람들이 음행 하다가…" 바울은 계속 광야 생활을 상기시켜 줍니다. 민 25장에 나오는 사건입니다. 싯딤 지역에서 이스라엘 남자들이 모압 여자들과 사귐입니다. 이 사건은 시내산 밑에서 출 32장 사건인 금송아지 우상숭배와 유사한 사건이 많습니다. 두 사건에서 다른 신을 숭배하였고 두 사건 모두 하나님의 계시가 주어진 직후에 발생된 것입니다. 백성들은 언약의 기본 원칙을 무시했던 것입니다. 이방 여인들과의 사귐은 후속적으로 그 여인들이 숭배하는 우상과 신을 따르는 영적 전염병으로 오염되는 일이었던 것입니다. '싯딤' 지역은? '아카시아 나무'란 뜻으로 초원 지역입니다. 모압 평원 북단에 위치한 곳으로 이스라엘의 광야여행 중 마지막으로 장막을 친 곳입니다. 모세는 이곳에서 신명기의 고별 설교를 했고 후계자 여호수아가 가난안 정복에 따른 작전계획과 정탐꾼을 파견한 곳이기도 합니다. 그런데 이 고장 모압 여인들의 미인계를 통한 우상숭배 유도 계획은 바람의 머리에서 나왔다는 사실이 후일에 분명히 지적되고 있는 것입니다.(민 31:16) 실로, 인간의 육체와 영혼은 유기적인 것으로 한쪽의 부패는 곧 전인격적의 타락으로 발전하는 것이기에 그런 의미에서 하나님은 영육의 순결을 동시에 우리에게 요구하시는 것입니다. 당시 모압은 여러 우상 중 주신으로 '바알'을 숭배했는데 '바알'은 '주인'의 뜻으로 생산과 다산을 주관하는 '신'으로 믿었고 풍성한 생산을 기원하는 뜻으로 난잡한 혼음과 인신 제사가 끔찍하게 곁들여진 것입니다.

3. 원망입니다.

10절 "어떤 사람들이 원망하다가 멸망시키는 자에게 멸망하였나니..." 사실, 10절은 이스라엘 사람들이 지은 세 번째 잘못을 언급합니다. 바울은 모세와 아론을 원망하던 고라당의 반역과 그들 250명을 지적합니다. 민 16:11 이하에 고라 일당의 반란이 일어납니다. 고라는 모세와 아론과의 친사촌으로 성막 본사와 종교교육의 책임을 맡은 레위인입니다. 그러나 고라는 자신도 정치, 종교 지도자로 자격이 충분히 있다고 생각하여 반란을 주도했던 것으로 추측됩니다. 이는 하나님의 뜻과는 무관한 일종의 이기심과 공명심에서 비롯됩니다. 이러한 속셈은 회중을 선동시켜 사악한 분파를 조장하고 모세와 아론의 지도력에 대하여 원망하게 만듭니다. 민 16:3 "너희가 어찌하여 여화와의 총회 위에 스스로 높이느냐" 원망하게 부추깁니다. 그리고 모세의 명령을 거역합니다. 민 10:11 "아론이 어떠한 사람이기에 너희가 그를 원망하느냐" 또한, 모세가 고라와 공모한 '다단', '아비람'을 불렀으나 그들은 거절합니다. 곧, 불평과 원망은 거룩한 총회를 훼손하고 분열을 조성하게 하는 파멸의 원인입니다.

성만찬의 영적 의미

(고린도전서 11:23-29)

엄숙한 장면입니다. 주님이 인류 대속을 위해 고난 받으시기 전 날 밤에 제자들과 성만찬 예식을 거행합니다. 이 점을 바울은 설명합니다. 곧, 성만찬 규례는 주님이 직접 정하신 것으로 그 권위가 있음을 암시합니다. 실제 주님은 마 26:26절 이후 성만찬을 제정해주셨으며 이후로 아버지 나라에서 새것으로 함께 마시는 날까지 마시지 아니하리라고 하셨으며 제자들과 찬미하며 감람산으로 나아가신 것입니다. 그럼 성만찬의 영적 의미는 무엇입니까?

1. 분병은 주님의 몸을 의미합니다.

23절 "떡을 가지사..." '떡'은 공동 식사하는 모습입니다. 구약의 유월절 식사 경우에 애굽에서 고통받던 것을 상징하는 것이며 신약에서는 십자가에서 찢길 주님 자신의 몸을 상징합니다. 성만찬 규례는 연구한 제도로써 사도들뿐 아니라 모든 믿는 자들까지도 영원히 행하여야 할 규례임을 시사합니다. 주님은 24절, 25절에서 "나를 기념하라" 2번 언급합니다. 이 구절은 마태복음, 마가복음에는 나오지 않으며 누가복음 22:19에만 나타나 있습니다. 곧, 구약에 하나님께서 출 12:14 "유월절 규례를 기념하라"고 하신 명령을 상기시켜 줍니다. 그러나 주님의 명령은 새로운 성만찬 규례의 의미를 기념하는 것이라 설명할 수 있습니다.

2. 분잔은 주님이 흘리신 피를 의미합니다.

25절 "이 잔은 내 피로 세운 새 언약이니..." '잔'을 가지사 '사례'하시고는 성만찬의 두 번째 의식을 언급합니다. 이는 새 언약입니다. 옛 언약은 모세의 율법에 따라 드리는 짐승의 피였습니다. 그러나 새 언약은 주님이 자신의 죽음을 통한 성취된 십자가의 피를 설명합니다. 주님은 귀한 어린양으로써 세상 죄를 지시고 험한 십자가를 지셨습니다. 십자가 위에서 주님이 흘리신 피가 내 죄를 씻어주시고 속죄의 은총을 베풀어 주신 것입니다. 이 벌레 같은 인생을 위해 주님은 보배로우신 피를 흘리신 것입니다.

그 큰 은혜 다 갚을 수 없음을 말로 표현할 수 없기 때문입니다. 이 은혜의 빚신 자로서 주님께 몸 바쳐서 주의 일 힘쓰는 생애가 되어야 합니다.

3. 이 예식에 참여할 때마다 주님을 전하여 소명을 회복하여야 합니다.

26절 "그가 오실 때까지 전하는 것이라" 주님은 감람산에서 승천하셨습니다. 이때 구름 타고 승천하시는 광경을 본 500여 성도들에게 두 천사는 너희가 본 그대로 주님은 다시 오시리라고 주님의 재림을 예고했습니다. 그 이전에 감람산에서 주님이 승천하시기 전 마지막 부탁하신 말씀은 예루살렘을 떠나지 말고 아버지의 약속하신 것을 기다리라! 너희가 몇 날이 못 되어 성령으로 말미암아 세례를 받으리라고 '성령 강림'을 약속했습니다. 행 1:8 "오직 성령이 너희에게 임하시면 권능을 받고... 내 증인이 되리라" 부탁하십니다. 그러므로 주님의 명령하심에 대하여 성만찬 예식을 거행하고 참여할 때마다 주의 죽으심, 다시 살아나심, 승천하심, 다시 오심을 증거 하는 것이 교회의 사명이며 성도의 본분이라는 것입니다. 이에 대하여 바울은 고린도 교인들에게 주님이 다시 오실 때까지 주님의 대속적 죽음과 부활에 대해 개인적인 고백

과 대중적인 선포는 교회의 성만찬 의식을 통해서 증거하고 대대
로 전해야 함을 강조합니다.

성령의 은사

(고린도전서 12:4-11)

　바울은 성령의 은사는 교회의 예배에 있어서 활력적인 것이며 이 부분에 있어서는 유기체적 특성을 가진 사람의 몸으로 잘 설명하고 있습니다. 교회는 그리스도의 몸으로서 주님의 영광을 위해 은사의 목적을 수행하여야 함입니다. 성령은 성도들 안에 내재합니다. 그러나 고린도 교회 교인들은 성령의 은사를 다른 사람과 비교하여 남의 은사를 경멸시하거나 적대화 시킴으로 교회의 통일성과 은사의 다양성을 붕괴시키려 한 것입니다. 이에 대하여 바울은 은사의 기원되시는 성령을 소개하며 은사의 다양성과 각각 은사를 사역하는 곳에서 지켜야 할 규칙을 설명하고 있습니다. 그래서 은사 중 가장 귀한 은사는 사랑의 은사라고 덧붙여 말합니다.

1. 은사는 성령이 주신 것입니다.

4절 "은사는 여러 가지나 성령은 같고..." '은사'는 헬라어 '카리스마타'로 하나님께서 값없이 주시는 '선물', '재능'입니다. 이 단어는 바울 서산에 16회가 나오며 모든 그리스도인에게 하나님이 성령을 통하여 주시는 은혜의 선물입니다. 은사는 여러 가지입니다. 교회의 사역을 위해 다양하게 은사를 분배해 주었다는 것으로 성령이 주로부터 온 것입니다. 예수를 주로 믿는 모든 그리스도에게 주시는 성령의 은사는 어떤 특정인에게만 국한된 것이 아니며 다양한 은사가 성령으로부터 분배되었음을 알아야 하며 분쟁이나 다툼의 문제가 사라져야 한다는 것입니다.

2. 은사는 여러 직임입니다.

5절 "직분은 여러 가지이나 주는 같으며..." '직분'은 헬라어 '다이코니아'로 '섬김', '봉사'의 뜻입니다. 이 말은 사랑을 밑바탕으로 섬기며 교회 안에 행하여지는 모든 봉사가 사랑의 마음으로 행하여야 함을 뜻합니다. 교회 내 은사는 주님을 섬기는 일에 연관을 갖습니다. 단순히 봉사도 자원합니다. 더욱이 주님의 몸을 위한 봉사는 값없이 받은 주님의 은총에 만분의 일이라도 보답하는 사랑의 마음과 정신으로 수행하는 것입니다. 그러면 주님의 몸인 교회가 복되고 평안합니다. 교회의 직분은 다 주님께로 온 것이며 성령이 분배하여 주신 것으로 섬기는 것입니다.

3. 은사의 목적은 유익입니다.

7절 "각 사람에게 성령을 나타내심은 유익하게 하심이라" 바울은 은사의 9가지 목록을 열거하기 전에 앞서 하나님께서 성도들에게 여러 은사를 주신 것은 교회를 유익하게 하기 위함이라는 대원칙을 소개하고 있습니다. 곧, 은사의 목적은 교회 공동체의 유익을 위한 것이라는 것을 밝힙니다. 바울은 계속하여 9가지 은사들을 다음과 같이 3가지로 나열합니다.

① 말씀(고로스)과 관련된 은사는 '지혜', '지식' 말씀을
② 믿음(피스티스)과 연관됨은 '믿음', '병 고침', '능력', '예언함', '영 분별함'을
③ 방언과 관련된 은사는 '방언' 자체와 '통역함'의 은사들입니다.
그러나 9가지 은사들은 그 다양성에도 불구하고 공통된 기원을 가집니다. 성령의 행하심이 동일하게 언급됨으로 은사들을 자

기 관점에서 비교하여 열등의식이나 우월감에 빠질 필요가 없다
는 것입니다.

지체 의식

(고린도전서 12:18-27)

바울은 사람 인체의 유기적 관계를 비유하여 하나님의 교회를 설명합니다. 곧, 교회의 몸은 그리스도이시며 성도는 몸의 지체라는 것입니다. 그러므로 바울은 고린도 교인들에게 개체 의식을 갖는 것은 교회 분쟁의 원인이 되는 것이므로 함께 한 몸을 이루는 지체 의식을 가져야 함을 부탁합니다. 그 이유는?

1. 몸은 그리스도(하나님)입니다.

18절 "하나님이 그 원하시는 대로 지체를 각각 몸에 두셨으니…" 하나님께서는 인간의 몸을 많은 지체들로 구성되도록 지으셨습니다. 이렇듯 각 지체들을 세우신 것은 하나님의 원하심에 근거하는 것으로 바울은 말하는 것입니다. 하나님의 원하심은 완전하므로 각 지체들이 존재하는 자리가 완벽한 것으로 각 지체에서 귀중한 역할이 있음을 보여줍니다. 따라서 누구든지 불평하거나 시기하는 것은 하나님의 뜻에 역행하는 것이라는 것을 고린도 교인들에게 강조합니다. 그러므로 각 지체를 중요시하지 않는 것은 몸을 경히 여기는 것과 같은 것입니다.

2. 지체는 서로 협력하는 것입니다.

25절 "서로 같이 돌보게 하셨느니라" 바울은 협력의 중요함을 언급합니다. 만일 눈이 손 더러 내가 너를 쓸데가 없다 하거나 또한 머리가 발 더러 내가 너를 쓸데가 없더라 하면 몸이 온전히 세워질 수 없다고 말합니다. 즉, 몸은 여러 지체가 하나의 유기체를 만드는 것이기 때문에 우선순위가 있을 수 없고 상호 필요한 협력체가 됩니다. 한 지체라도 없다면 다른 지체들이 자신의 기능을 해나갈 수 없는 어려운 문제가 생깁니다. 사람들이 가치 기능을 어디에 두느냐에 따라 지체 상호 간에 우월과 차등이 있다고 볼 수 있으나 어느 지체나 존재가치가 모두 중요한 것입니다. 이것이 하나님의 영적 세계의 통치원리인 것입니다. 성도는 각자에게 주신 은사를 따라서 신실하게 사용해야 한다는 교훈입니다.

3. 짐을 나눠야 합니다.

26절 "만일 한 지체가 고통을 받으면 모든 지체가 함께 고통을 받고..." 중요한 지체 의식입니다. 이는 함께 웃고 함께 우는 것입니다. 만일, 발에 가시가 박히면 손이 그 가시를 빼줄 수 있는 것입니다. 또한, 발이 달리기 경주에 1등을 하면 손이 상을 받는 것입니다. 이처럼 주님의 몸인 교회를 세워 나아가는 비결은 상호 지체 의식입니다. 바울도 지체들은 서로 공동체 조직 일원이며 각각 독립된 개체가 아니라는 것을 말합니다. 즉, 지체는 서로 유기체적인 긴밀한 연관성을 가진 떼려야 뗄 수 없는 불가분의 특성이 있다고 설명합니다. 그러므로 지체는 상호 대립관계가 아니라 상호 우호적 협력관계라고 고린도 교인들에게 부탁합니다.

사랑의 대서사시

(고린도전서 13:1-3)

바울 서신들 가운데 가장 위대하고 가장 강력하며 가장 깊이 있는 심오한 진리입니다. 왜냐하면 사랑이 아니면 아무것도 아니기 때문입니다. 또한, 본장은 앞장에서 은사를 다루다가 갑자기 화제를 바꾸어 사랑을 말하고 있음은 어떠한 훌륭한 은사라도 이 세상에 잠시 필요한 것이고 일시적인 반면에 사랑은 영원하고 절대적인 것이며 은사 중 은사는 사랑이라 할 수 있습니다. 바울은 사랑이 아니라면?

1. 모든 것이 무의미성입니다.

1절 "사랑이 없으면 소리 나는 구리와 울리는 꽹과리가 되고..."

사람의 방언과 천사의 말이란 뜻은 무엇입니까? 사람의 방언은 다문화권에서 사용하는 외국어를 가리킵니다. 천사 말은 천사들이 사용하는 천성의 용어입니다. 바울의 이러한 표현은 인간이 구사할 수 있는 최고 경지에서의 표현으로써 언변을 뜻합니다. 당시 헬라 문화권에 있던 고린도 지역은 고대 철학자 아리스토텔레스의 수사학의 영향으로 뛰어난 웅변가들이 있었습니다. 수사학은 다른 사람을 설득하기 위한 언어의 기술입니다. 철학자 아리스토텔레스 때부터 발달한 학문으로 연석을 위한 필요한 말을 적재적소에 수식하거나 미사여구를 배열하는 기술로 현대 커뮤니케이션 학문의 원조라 할 수 있는 것입니다. 그러나 사랑이 없으면 소리 나는 구리와 울리는 꽹과리가 됩니다. 소리 나는 구리란? 구리로 만든 여러 종류의 악기이며 꽹과리란? 크고 찢어지는 듯한 소리로 이방 종교에서 신들을 깨우거나 악령을 추방할 시 도구로 사용했고 사람들의 감정을 흥분시키는데 필요했던 무의미한 소리였습니다. 이는 사랑이 없으면 다 의미가 없는 시끄러운 소리에 불과하다는 것입니다.

2. 모든 것이 허무성입니다.

2절 "사랑이 없으면 내가 아무것도 아니요" 바울은 참 믿음은 사랑으로 기인되어진 것으로 비로써 온전하게 됨을 언급합니다. 그러나 사랑이 부재된 믿음은 산을 옮길만한 능력과 지식이 나타날지라도 아무것이 아니라고 허무한 것을 드러내 줍니다. 하나님은 사람이 가진 은사나 기능보다는 그 사람의 인격과 품성을 더 중요시함과 동시에 아무리 큰 은사라 할지라도 사랑의 동기가 없으면 단순히 외적인 현상인 허상에 불과함을 설명해줍니다.

3. 모든 것이 무효성입니다.

　3절 "... 사랑이 없으면 내게 아무 유익이 없느니라" 바울은 "내 몸을 불사르게 내어줄지라"도 사랑이 없으면 그 수고와 희생이 무효라 합니다. 이는 충격적 구절입니다. 당시 그리스도인들은 박해를 받고 순교까지 했습니다. 때로는 화형으로, 옥중에서, 사자 굴에서 희생되었습니다. 물론, 순교의 자리까지 나아간다는 것은 주를 사랑함이며 귀중한 믿음입니다. 바울이 이 구절에서 주장하는 말은 사랑은 그만큼 소중하고 위대하다는 것을 강조합니다. 왜냐하면 그 당시 고린도 교회는 극한 대립과 성도 간에 분열, 고소 고발로 교회 내에 깊은 상처와 아픔이 거듭 경험되고 있었습니다. 그런 면에서 바울은 사랑이 상호 간에 치유와 위로가 되기를 갈망하며 사랑의 중요성을 전해줍니다. 아무튼 본 구절의 요점은 그리스도인들이 아무리 위대한 헌신과 희생이 있더라도 여기에 사랑의 행위가 없으면 그 수고가 헛되며 겉치레와 다를 수가 없다는 것이라 합니다.

사랑의 찬가

(고린도전서 13:4-7)

    바울은 그리스도인이 실천해야 할 덕목으로 사랑의 특징과 실천적인 측면을 시적으로 묘사합니다. 사랑은 은사 중 은사입니다. 바울은 사랑의 중요한 특징 15가지를 구체적으로 배열하면서 모든 그리스도인들의 실천적 사랑 윤리를 정해주고 있습니다. 여기서 우리는 사랑은 하나님으로부터 기원을 갖고 있는 것으로써 이웃에 대한 사랑의 실천이 말로만 아니라 생활에서 성숙한 그리스도인의 본을 보이라고 합니다. 바울은 15가지 사랑의 덕목을 설명합니다.

1. 4절에 5가지입니다.

사랑은?

① "오래 참고"는 성도가 부름을 받았을 때 인간관계에서 빚어지는 어려움을 견디는 것으로 이는 인간이 한계를 넘어서는 견딤이며 곧 그 신앙으로 천국에 이르는 것입니다.

② "온유하며..."는 친절함을 뜻하며 이는 악을 악으로 이를 이로 대항하지 않는 심성이며

③ '시기' 하지 아니하면은 시샘하는 뜻으로 '샘'이며 질투입니다. 속담에 사촌이 땅을 사면 배가 아프다는 말이 있는 것은 진정한 사랑이 아니기 때문입니다.

④ '투기' 하지 아니하며의 뜻은 시기와 비슷한 것 같으나 차이점은 '투기'는 자기 자신을 우월하다고 생각하여 다른 사람을 낮추려는 속성을 가리킵니다.

⑤ '자랑' 하지 아니하며의 뜻은 자신의 열등한 부분을 가리려고 떠벌이고 고무풍선처럼 부풀리는 무의식적 행동입니다. 자랑은 겸허한 성격에 어울리지 않습니다.

2. 5절에는 4가지입니다.

사랑은?

⑥ '무례' 하지 아니하며 입니다. 곧, 자랑하는 마음이나 교만한 마음이 있다면 그 행동은 당연히 무례합니다. 이러한 자들은 자신의 위치와 본분을 잊어버리고 다른 사람에게 존경을 표시하지 못하고 결례를 범합니다.

⑦ 자기 '유익'을 구하지 아니함입니다. 곧, 자신의 이익을 위해서만 목적을 둡니다. 물론 이방 사람은 자기 이익에 따라서 시간을 투자하고 움직입니다. 그러나 주님의 십자가는 희생이었습니다. 그렇게 우리를 사랑하시어 죽으셨던 것입니다.

⑧ '성'내지 아니함입니다. 곧, 분노입니다. 주님은 베드로에게 칼로 쓰는 자는 칼로 망한다고 하셨습니다. 그리고 말고의 귀를 붙여 주셨습니다. 야고보 1:20절 "사람이 성내는 것이 하나님의 의를 이루지 못함이라"라고 합니다.

⑨ "악한 것"을 생각하지 아니함입니다. 곧, 오만의 마음속에는 잠재해있는 본래적인 악을 뜻하며 그 악이 현상적으로 나타나는 저속한 생각과 비열한 행위를 뜻합니다. 그러나 사랑은 악한 것을 타인에게 전가하지 않고 억제합니다.

3. 6절, 7절에는 6가지입니다.

사랑은?

⑩ '불의'를 기뻐하지 아니함입니다. 곧, '불의'는 의로움, 선함과 바르지 못하다는 뜻입니다. 불법이 성행하는 무서운 시대입니다. 거짓으로 속이고 거짓 증인으로 나서고 뇌물을 받고 행하는 일은 불의한 삶입니다.

⑪ '진리'와 함께 기뻐함입니다. 곧, '진리'는 옳은 것, 옳은 길을 뜻합니다. 주님은 요 14:6절에 "내가 곧 길이요 진리요 생명이라"라고 하셨습니다. 이는 주님과 동행하고 주님께 더 깊이 배우며 알고 따르는 영적 생활입니다. 7절에

⑫ 모든 것을 참으며

⑬ 모든 것을 믿으며

⑭ 모든 것을 바라며

⑮ 모든 것을 견디면은 상호 연관성이 있는 분별의 사랑과 일관성을 가르쳐줍니다.

교회 내 영적 질서

(고린도전서 14:1-9)

 고린도 교회는 방언을 남용하고 교회 내에 방언 문제로 무질서와 혼란이 생겨났습니다. 바울은 이를 바로잡기 위해 방언론을 설명합니다. 당시 고린도 교인들은 유독 방언만 강조하였고 곧, 방언을 하는 자들은 우월의식을 갖게 되고 방언을 못하는 교인은 열등의식이 생기게 된 것입니다. 잘못된 영적 현상이며 방언의 문제가 교회 내에 계급층을 형성하게 된 것입니다. 이에 바울은 고린도 교인들이 중요시한 방언과 자신이 권장하는 예언을 비교하면서 교회 내에 영적 질서를 설명합니다.

1. 먼저 방언을 설명합니다.

2절 "... 영으로 비밀을 말함이라" 바울은 방언의 정의를 은사 중 하나이며 방언 말하는 사람의 개인 영으로 말하는 것이라 합니다. 그러므로 방언은 그 자신에게는 도움이 될지 모르나 다른 사람에게는 그 뜻을 이해할 수 없으므로 교회에 유익을 주지 못함이라 합니다. 방언은 개인이 혼자 행하여지는 것은 영적으로 깊은 기도가 될 수 있으나 회중 예배 시에나 방언 은사가 없는 교인들 앞에서 행하여지는 것은 오히려 위화감을 조성하고 교회 내 '덕'을 세울 수 없다는 것입니다. 방언 은사를 행하는 것으로 성령 충만한 것을 국한하고 구원받는 증표라 하는 것은 구원파, 신비주의자들의 비성경적 교리입니다. 방언 은사가 없어도 성령 충만하며 방언이 구원의 유·무를 정하여 주는 것이 아닙니다. 모든 다양한 은사는 교인들에게 성령을 나눠주는 것이며 어느 사람에게는 있고 나에게 없고, 나에게는 있고 어느 사람에 없는 것입니다. 바울은 은사의 본질은 교회를 세우고 덕을 이루며 화평하게 하는 데 있는 것이며 이를 위해 성령이 각 사람에게 은사를 주셨음을 암시합니다. 더욱이 고전 14장에 나오는 방언은 행 2장의 방언과는 다른 것입니다.

2. 또한, 예언의 은사를 설명합니다.

3절 "그러나 예언하는 자는 사람에게 말하여..." 곧, 설교의 기능입니다. 방언보다 교회 내에서 더 유익된 은사는 예언이라는 것입니다. 고전 14장 예언은 구약 선지자들이 미래를 말하는 예언과는 다른 예언적 기능입니다. 구약의 예언은 하나님의 계시로의 기능이지만 고전 14장 예언은 계시된 예언을 증거 하는 기능입니다. 곧, 하나님의 말씀은 잘 해석하고 권면하고 위로하는 것입니다. 오늘날, 예배 중 설교의 기능을 잘 정립해야만 합니다. 왜냐하면 설교자나 설교를 듣는 회중이 계시된 말씀인 성경보다는 신비적 체험, 방언, 언변, 수사학, 웅변, 영웅적인 개인숭배로 영향을 받는 영적 위험성은 성령의 역사가 아니기 때문입니다. 바울은 이 점을 고린도 교인들에게 교회 내 영적 질서를 보존하는 것입니다. 4절 "예언하는 자는 교회에 덕을 세우니..." 5절 "예언하기를 원하노라" 바울이 말하는 '예언'은 어원적으로 '해석', '설명', '교훈'이라는 뜻입니다. 이런 면에서 예언은 교회를 세우고 가르침이나 권면, 그리고 안위 등 믿음을 견고하게 해줌으로 교회에 절대적 역할을 수행하도록 합니다. 바울은 6절에 "계시나 지식이나 예언이나 가르치는 것으로 아니하면 너희에게 무엇이 유익하리요" 라고 언급하면서 이 네 가지는 복음 전파에 중요한 역할을 통하여 교회가 세워진 것이라 합니다. 그러나 이 네 가지 은사를 따로 생각하는 것이 아니라 서로 연관이 있으며 하나님께로부터 주어진 것입니다. 즉, '계시'는 하나님에 의하여 주어진 진리로써 가르침의 근본이 됩니다. '지식'은 하나님의 진리를 깨닫는 것이며 '예언'은 계시됨을 성도들에게 알리는 것이고 "가르치는 것"은 하나님을 경외할 수 있도록 계시된 진리로 교훈을 주는 데 있습니다. 그러므로 예언은 주술가들이 말하는 닥쳐올 행운, 재액이나 우환 질고를 예고하는 것이 아니라 이미 구속사의 계시가 성취된 증거와 해석으로 구원에 이르도록 세워주는 것이 성경적 예언입니다.

부활의 증언

(고린도전서 15:1-9)

바울은 부활을 증언합니다. 그가 다메섹에서 주님을 체험한 가장 큰 증언은 주님의 부활이었습니다. 그 후 바울은 평생에 십자가에 죽으셨다 다시 사신 주님을 증언했습니다. 곧, 바울의 신앙은 부활이었습니다. 이는 부활의 복음을 믿고 굳게 지키며 구원의 보증을 확신한 것임을 가리킵니다. 바울은 주님의 부활은?

1. 성경대로 살아나셨다고 합니다.

3절 "성경대로... 죽으시고", 4절 "성경대로 사흘 만에 다시 살아나사..." 바울은 주님의 죽으심과 부활을 전할 때 '성경'을 말함은 우연한 사건이 아니라는 것을 주지시키기 위함입니다. 옛 구약 선지자들이 메시야 예언을 기억하게 하며 그리스도가 고난 당하신 것은 성경의 가르침대로이며 사흘 만에 다시 사신 것도 성경대로 이루어진 것이라고 합니다. 신약도 공관복음 사도들도 한결같이 주님의 죽으심과 부활을 증거하고 있습니다.(마 28:1, 막 16:2, 눅 24:1) 주님의 부활은 과거에 일어난 단 일회적 사건으로 그치는 것이 아니라 현재에도 부활하신 몸으로 나타나시며 미래에도 부활의 몸으로 오시는 영속적인 사건임을 보여줍니다.

2. 오백여 형제들과 여러 증언입니다.

6절 "그 후에 오백여 형제들에게 일시에 보이셨나니..." 왜? 오백여 형제들이라고 표현합니까? 그것은 주님께서 죽으셨을 때가 유월절이었기 때문에 유월절 순례자들 중 주님의 부활에 관심을 갖던 자들이 주의 부활을 목격했으며 또한 주님을 따르던 제자들과 여러 여인들, 유대인들이 모였기 때문입니다. 당시 바울이 오백여 형제의 목격을 주님의 부활의 확실성에 대한 증거로 제시하는 이유는 목격자 중 태반이 살아있다는 것입니다. 이는 주님의 부활이 조작될 수 없음을 증언합니다. 그 외에도 7절 "그 후에 야고보에게 보이셨으며..." 야고보는 주의 형제 야고보입니다. 그는 처음에 메시아로 주님을 믿지 아니하였으나(요 7:5) 그러나 주의 형제 야고보가 성도들과 함께 성령을 기다립니다. (행 1:14) 이를 보아 주의 형제 야고보는 주의 부활과 나타나심을 보고 개종하였음이 확실합니다. 그리고 7절에 "모든 사도들"은 12제자에만 국한하는 것이 아니라 다른 사도들 바나바, 실라, 누가 등으로 사도의 범위를 넓히고 있으며 더욱이 바울 자신에게도 포함합니다. 갈 1:1 "사람으로 난 것도 아니요 사람으로 말미암은 것도 아니요 오직 죽은 자를 다시 살리신 하나님께로부터 사도 된" 바울이라 합니다.

3. 바울이 증언합니다.

8절 "맨 나중에 만삭되지 못하여 난 자 같은 내게도 보이셨느니라" 바울은 자신이 부활의 증언자라 합니다. 곧, 다메섹의 주님을 만나고 영접했습니다. 자신이 핍박하던 주님이 곧, 메시아요 하나님의 아들임을 체험한 것입니다. 행 9:4 "사울아 사울아 네가 어찌하여 나를 박해하느냐", 5절 "나는 네가 박해하는 예수라" 곧, 부활하신 주님의 음성입니다. 바울은 '만삭'되지 못한 자에게도 부활의 주님이 오시어 택하여 주신 은혜를 체험한 것입니다. '만삭'되지 못한 자란? 유산이나 초산을 의미하며 부활하신 주님께 택하여지고 부르심을 받은 것은 무가치한 존재이며 쓸모없는 자라는 설명입니다. 그렇습니다. 성도의 신앙은 은총에 대한 고백입니다. 평생 바울은 복음의 빚진 자라 했으며 나의 산 것은 주를 위해 사는 것이라 합니다.

부활이 없다면

(고린도전서 15:12-19)

바울은 고린도 교회 교인들 중 부활에 대한 회의와 의심을 하는 것에 대해 변증합니다. 12절 "... 너희 중에 어떤 사람들은 어찌하여 죽은 자 가운데서 부활이 없다 하느냐" 부활을 의심하거나 부인하는 자들을 힐난합니다. 이는 바울이 논리 법칙에 따라 "죽은 자 부활을 부인하는 것은 주님의 부활을 부인하는 것"임을 논증하기 위한 것이라 할 수 있습니다. 만약 부활이 없다면?

1. 믿음이 헛된 것입니다.

14절 "... 너희 믿음도 헛것이며..." 주님은 죽은 지 3일 만에 다시 사셨습니다. 이로 인하여 성도의 신앙은 부활의 신앙입니다.

그런데 당시 고린도 교회 교인들 중 플라톤 철학에서 나온 이원론 사상에 영향을 받았는데 사람이 죽으면 몸은 영원히 소멸되고 영혼만 구원을 받는다는 것입니다. 그러나 주님이 부활하시고 제자들과 떡을 나누심은 영과 육이 부활되심을 보여주심입니다. 만약 영, 육의 부활이 없다면 결과는 두 가지입니다. 사도들이 전파하는 복음이 헛된 것이며 성도가 믿는 믿음도 헛된 것이 되는 것입니다.

2. 거짓 증인이 됩니다.

15절 "우리가 하나님의 거짓 증인으로 발견되리니..." 바울은 강한 어조로 반박합니다. 자신도 주님을 나사렛 이단으로 알고 교회를 핍박하고 성도들을 결박하여 옥에 가두고 박해를 했으나 다메섹에서 부활하신 주님을 체험하고 부활의 증인이 된 것입니다. 그 후 그는 평생을 오직 십자가, 오직 은혜, 오직 주님을 증거하는 부활의 산 증인으로 산 것입니다. 바울의 예루살렘 공회에서 바나바와 선교여행 파송은 1차 전도여행이 AD 47~48년이었으며 2차 전도여행은 AD 50~52년 기간이었으나 2차 전도여행 전 바나바와 헤어졌습니다. 그 후 3차 전도여행을 AD 53~58년에 마쳤습니다. 곧, 예루살렘 공회에서 임명한 공적 임무를 마쳤다 할지라도 행 21:10절 아가보라 하는 선지자가 바울의 띠를 어떻게 구입하였는지는 몰라도 이 띠의 임자가 이방인 손에 넘겨주리라 예언한 후 바울은 로마에 마지막 선교지로 임무를 받은 것입니다. 바울은 로마 1차 투옥 AD 61년~62년 중 골로새서, 빌레몬서, 예배소서, 빌립보서, 1차 옥중서신을 작성하고 AD 64~65년 감시 석방 중에서 디모데전서, 디도서를 기록했고 2차 투옥 중 AD 67년에 디모데후서를 기록하고 순교했습니다. 평생 십자가의 복음의 증인이었습니다. 또한, 부활의 능력을 담대히 증거 했습니다. 바울은 산 복음으로 죄에서 많은 생명을 구원하였습니다.

3. 가장 불쌍한 자들입니다.

19절 "... 모든 사람 가운데 우리가 더욱 불쌍한 자리라" 만약 부활이 없다고 가정하여 본다면 불쌍한 자들이라 합니다. 그것은 그리스도인 삶 전체가 허무한 것으로 비 그리스도인보다 더 불쌍한 존재로 전락되기 때문입니다. 그러나 성령이 이미 구원받은 자들의 내적 증거로 구원의 믿음을 확신하여 줍니다. 성령이 부활을 증거 해줍니다. 이미 그리스도를 믿음으로 그와 연합한 자가 되었고 죄와 사망의 법에서 해방되었기 때문입니다. 그래서 이 믿음의 증거로 담대히 주님은 죽으신지 3일 만에 다시 살아나셨음을 우리도 증언할 수 있게 된 것입니다. 늘, 사도신경을 예배 중 고백함도 이 믿음 때문입니다. 사도신경 마지막 하단 줄에 "몸이 다시 사는 것과 영원히 사는 것을 믿습니다" 고백합니다.

부활하심은?

(고린도전서 15:20-27)

바울은 그의 논리를 결정적인 국면으로 이끌어갑니다. 곧, 그리스도의 부활은 부정할 수 없는 사실이고 성도들의 궁극적인 소망이 부활임을 결정적 논리라고 말합니다. 바울은 부활에 관한 결정적 단서를 제시함으로써 부활의 회의론자들의 허구성을 지적하고 부활의 주장에 대한 결정적인 근거를 다음과 같이 제시합니다. 다시 사심은?

1. 주님이 부활의 첫 열매가 되심입니다.

20절 "다시 살아나사 잠자는 자들의 첫 열매가 되셨도다" 이는 부활의 필연성입니다. 그 증명은 주님이 부활하시어 잠자는 자들의 첫 열매가 되셨음입니다. 여기서 "첫 열매"는 옛날 이스라엘 백성들이 추수한 첫 곡식단 열매를 먼저 하나님께 바쳤는데 이때 드린 곡식과 동일한 의미를 지닌 것입니다.(레 23:10-14) 첫 열매는 수확물 전체를 대표할 뿐 아니라 후에 거두워 결실까지 암시합니다. 결국 주님이 부활하셨다는 것은 '부활'을 확증하는 것이며 성도들도 뒤이어 부활할 것을 보증하는 것이 됩니다.

2. 믿는 자도 부활입니다.

22절 "그리스도 안에서 모든 사람이 삶을 얻으리라" 아담의 범죄는 세상에 죄가 들어왔고 이로써 세상에 죽음이 온 것입니다.(롬 5:12) 주님의 부활하심은 인간에게는 다른 운명을 선사받게 되었습니다. '아담'='죽음', '주님'='삶'의 병행이 논리적 필연성으로 설명을 얻을 수 있는데 이는 아담의 죄가 인류에게는 사망이었으나 주님께서 세상 죄를 짊어지시고 죽음을 이기시고 부활하심으로 인류에게 영원한 생명을 얻을 수 있게 된 것입니다.

3. 재림 후 왕 노릇 함입니다.

25절 "반드시 왕 노릇 하시리니..." 바울은 "왕 노릇"의 주체를 주님으로 서술합니다. 주님은 부활할 때부터 재림하여 온전한 하나님 나라를 이루실 때까지 기간이 있으며 이 기간은 주님이 원수 곧, 악한 세력을 물리치시는 기간이 될 것입니다. 이런 의미에서 주님은 지금도 원수를 궤멸하시는 일을 하시며 그의 자녀들을 보호하시고 이끌어 주시는 구세주가 되십니다. 또한, 후에 성도는 주의 나라에서 주님과 더불어 왕 노릇하는 영화가 있게 됩니다.(계 20:6)

부활의 비유

(고린도전서 15:39-46)

　어떻게 죽은 자가 다시 살아날 수 있느냐 하는 부정적인 마음의 자세를 가지고 나오는 자들에게 과학적으로 증명해 보일 수 있는 것은 설명이 불가능합니다. 사망으로 썩은 몸이 어떻게 다시 새롭게 재조직될 수 있는가 하는 것이 바울이 말하는 부활론을 오해하고 있는 것입니다. 그러나 바울이 말하는 몸의 부활이란? 썩은 육체의 재조직이 아니라 신령한 몸의 부활을 뜻합니다. 부활의 비유는?

1. 자연의 부활입니다.

36절 "네가 뿌리는 씨가 죽지 않으면 살아나지 못하겠고..." 자연의 법칙에도 부활을 비유합니다. 곧, 씨가 뿌려 죽지 아니하면 그대로 있고 죽으면 많은 열매를 맺습니다. 바울은 몸도 죽으면 부활의 몸으로 살아난다는 것을 자연의 법칙과 같이 인생에도 필연적 법칙이라 말합니다. 자연에 있어서 씨는 죽으면 반드시 살아나며 그 모양은 처음보다 더 풍성한 형태로 변화됩니다. 마찬가지로 사람도 죽은 후 다시 천국에서 부활하게 되고 더 완전하고 완성된 신령한 몸으로 변화된 형태가 되어지게 됩니다.

2. 신령한 부활입니다.

42절 "썩은 것으로 심고 썩지 않을 것으로 다시 살며..." 사람의 육체가 죽어서 다시 살아날 때는 마치 식물의 씨를 뿌렸을 때처럼 그 씨가 썩어서 새로운 식물로 자라납니다. 이처럼 육체도 예외 없이 썩은 후에 부활 육체가 썩지 않는 것으로의 모습이 되는 것입니다. 인간이 죽음으로 모든 것이 끝난다고 세월을 아쉬워하고 육신의 쾌락을 위해 산다면 더 나은 내세를 위해 심는 삶을 살지 않게 됩니다. 다만 부활을 믿는 사람은 썩을 육체를 심어 썩지 아니할 신령한 몸을 얻게 되는 것입니다. 신령한 몸은 완전한 형체이며 성화적 온전한 몸의 성취입니다. 영화로운 몸입니다. 그러나 땅에서 덧입고 있는 육신은 연약합니다. 생로병사로의 운명에서 벗어날 수 없고 시험과 유혹에서 벗어날 수 없는 연약입니다. 그러나 부활의 몸은 생로병사의 굴레에서 벗어나고 아울러 모든 인간적 얽매임에서 벗어난 생태를 의미합니다. 곧, 부활의 몸은 전혀 새로운 몸입니다. 곧, 신령한 몸인 것입니다.

3. 하늘에 속한 몸입니다.

49절 "하늘에 속한 이의 형상을 입으리라" 바울은 첫 사람 아담과 대비되는 마지막 아담을 바로 부활의 첫 열매인 그리스도라고 주장합니다. 이것은 아담이 불완전한 첫 사람이라면 둘째 아담 그리스도는 생명을 주는 영적 존재입니다. 부활은 썩을 것에서 썩지 아니할 것으로 종말론적 완성을 얻는 천상의 존재인 것입니다. 이는 첫 사람 아담은 본래 흙으로 빚어졌고 그로 말미암은 모든 인간은 같은 존재입니다. 곧, 아담과 같은 운명에 참여한 흙에 속한 자라 할 수 있습니다. 그러나 둘째 사람은 하늘에 나셨으며 하늘에 속하신 분입니다. 이 땅에 내려오셔서 인류 대속 사역을 위하여 죽음을 당하셨다가 다시 사셨습니다. 그러나 그리스도께서는 본래 하나님의 본체이셨습니다.(빌 2:6-8) 첫 사람 아담과 둘째 아담 주님은 육체라는 동일한 존재 양식을 가지고 있으나 양자의 기원과 근본은 하나님이시오, 인간으로 본질적 차이가 있습니다.

흙으로 된 아담의 모든 후손들도 육신의 몸을 입고 흙에(땅) 속한 자요, 이것은 현재 모습입니다. 이들은 부활하신 주님을 믿지 않는다면 하나님의 나라를 유업으로 받지 못할 자입니다. 그러나 주님을 부활하신 주로 믿는 자들은 현재 육신의 몸을 입고 있다 할지라도 장래 부활을 통하여 영적인 몸을 입고 영생에 참여하는 하늘에 속한 구속받는 자가 됩니다. 구속받는 자들도 처음에는 흙의 형상을 가지고 태어났을지라도 주님의 부활로 장차 성도의 몸은 하늘에 속한 자의 형상을 입게 됩니다. 따라서 이 세상에서 어울리는 육체를 가지고는 하늘에 속한 자로 살 수 없으며 부활의 새 몸을 입어야 합니다. 이 세상은 썩어질 필연성을 가지고 있지만 부활의 몸과 하나님 나라는 썩지 않으며 영원합니다. 그러므로 반드시 부활이 있음을 결론에 이르게 되는 것입니다.

재림의 날

(고린도전서 15:51-58)

주님이 감람산에서 500여 성도들이 보는 중에 구름 타고 승천하셨습니다. 이때 그 광경을 보는 이들에게 두 천사는 하늘로 가심을 본 그대로 오시리라고 하였습니다.(행 1:11) 곧, 주님의 재림이 있을 광경을 예고해 준 것입니다. 재림의 날에?

1. 나팔소리가 있습니다.

51절 "... 마지막 나팔에 순식간에 홀연히 다 변화되리니..." 주의 말씀에는 재림의 날에 나팔소리가 있다고 합니다. 누가 부는 나팔소리입니까? 천사장입니다. 살전 4:16 "천사장의 소리와 하나님의 나팔소리로 친히 하늘로부터 강림하리니..." 유대 전승에 의하면 일곱 종류의 천사장이 있다고 합니다. 그들은 성도들의 기도를 받아 하나님께 드리는 역할을 합니다.(계 8:2-3) 그들의 이름은 '우리엘', '라파엘', '사리엘', '라구엘', '미가엘', '가브리엘', '레미엘'입니다. 그런데 위 천사장 중 누가 나팔소리를 부는지는 분명치 않습니다. 그러나 재림 신에 주님도 마 24:31에 "큰 나팔소리와 함께 천사들을 보내리니..." 나팔소리가 난 것을 말씀하셨습니다. 이러한 말씀은 나팔소리와 하나님의 나팔은 같은 역할을 하는 표현입니다. 또한, "나팔소리"는 유대 묵시문학에서 천사에 의하여 마지막 날에 선포하는 것으로 주님의 재림 사건과 연결을 시킵니다. 나팔소리의 근본적 의도는 전쟁에 승리를 상징한다는 점에 주님의 재림은 마치 전쟁에서 최후 승리 얻는 것으로 힘차게 나타내는 것입니다. 따라서 이러한 재림의 선언은 곤경과 어려운 환난 속에 있는 성도로 하여금 승리하신 주님을 바라게 하며 모든 고난과 박해를 이길 수 있게 합니다.

2. 신령한 변화가 있습니다.

52절 "나팔에 순식간에 홀연히 다 변화되리니..." 어떠한 변화입니까? 신령한 변화입니다. 신령한 변화란 영육이 연합하여 새 몸을 입는데 주님의 부활하신 몸과 같습니다. 주님은 부활하신 후 제자들을 만나서 음식도 드시고 고기도 떼셨습니다. 마찬가지입니다. 부활 후 변화된 몸은 늙지도, 병들지도, 슬퍼하지도, 아파하지도, 더 이상 죄 짓을 마음도 없게 됩니다. 이 세상에 지날 때 동안은 성령 받아 거듭나서 새 생명 얻고 새사람 되었다 할지라도 여전히 육신을 덧입고 있음으로 육적의 죄성이 내면에서 아예 없어지지는 않습니다. 그래서 성도의 경건 생활은 늘 자신의 옛 사람인 육신과 싸우는 것입니다. 그러나 성도의 죽음은 영화로운 것이며 하나님도 성도의 죽음을 귀중히 보십니다. 계 14:13 "주안에서 죽은 자들이 복이 있도다..." 이는 성도의 죽음은 온전한 성화(거룩함)를 이루는 것이기 때문입니다. 또한, 부활 이후 신령한 몸은 영화로운 모습입니다. 곧, 신령한 몸입니다. 이는 부활로 통하여 신비적이나 하늘의 형상을 부지불식간 입는 신령한 변화의 몸을 이루게 됩니다.

3. 더 이상 썩지 않습니다.

53절 "이 썩을 것이 반드시 썩지 아니할 것을 입겠고 이 죽을 것이 죽지 아니함을 입으리로다" 썩는다는 것은 육신의 몸이 죽는 것의 한 현상입니다. 그러나 부활 후에는 신령한 몸은 더 이상 썩지 않습니다. 또한, 죽는다는 것은 단순히 육체가 썩는 자연적 현상 배후에 있는 죄의 세력에 굴복당하는 의미를 갖고 있습니다. 그러나 죽은 것이 죽지 아니함을 얻는다는 것은 무엇입니까? 곧, 죄의 세력에 굴복당하지 않을 몸을 입는다는 것을 뜻합니다. 결과적으로 부활의 몸은 썩지도 않을 것이라는 것입니다. 곧, 부활은 죽을 것이 죽지 않을 것으로 변화되고 썩을 것이 썩지 아니함으로의 변화입니다. 주님 안에서 부활에 참여하는 자는 이 장엄한 승리와 축복을 얻습니다.

연보에 대한 권면

(고린도전서 16:1-9)

바울은 연보에 대하여 마지막으로 언급합니다. 연보의 헬라오 "로기아"는 세금과 연관된 용어로 쓰였습니다. 그러나 세금은 강제성이 부여되지만 연보는 사랑과 은혜에 기초하여 자발적으로 봉헌하는 믿음의 행위가 됩니다. 그러나 교회의 연보 운동은 권면할 수 있습니다. 그것은 교회 단일성가 교회의 공동체가 추구하는 사랑의 실천과 통일성을 위함입니다. 그런 면에서 바울은 갈리디아 교회가 모범적인 교회인 것을 설명합니다.(1절) 바울은 연보에 대하여?

1. 준비해야 합니다.

2절 "너희 각 사람이 수입에 따라 모아 두어서..." 고린도 교회는 부자 교회입니다. 재정력이 풍부하기 때문입니다. 그러나 연보는 기부금 내듯이 동냥해 주든지 하는 식으로 하지 말고 믿음과 정성을 가지고 봉헌해야만 온전하게 하나님께 드리게 되는 것입니다. 한편, 바울은 연보 드리는데 3가지 원칙을 말합니다.

① 연보는 준비하여 주일에 드리는 것입니다.

② 연보는 가난한 자나 부한 자나 할 것 없이 모두가 각자의 형편에 따라 드리는 것입니다. 이는 연보 하는 사람들이 어떤 특정 계층만 하는 것이 아닌 하나님의 은혜와 사랑이 모두에게 미치기 위함입니다.

③ 연보는 힘써 드리는 것입니다. 곧, 자신의 수입 정도에 따라서 연보 할 것을 권면합니다.

2. 나눔을 가져야 합니다.

3절 "너희의 은혜를 예루살렘으로 가지고 가게 하리니..." 바울의 이 말은 물질로 어려움을 겪고 있는 그의 모 교회인 예루살렘 교회 때문입니다. 당시 예루살렘 교회와 교인들은 극심한 가난 가운데 곤경에 처해져 있습니다. AD 44~46년경 기근으로 농사일은 어려워지고 비참한 빈궁 속에 빠져 큰 걱정이 되었으며 동시에 박해로 인하여 흩어지게 된 것입니다. 이에 바울은 갈라디아 교회 교인들이 예루살렘 교인들을 도운 것처럼 고린도 교인들도 예루살렘 교회를 도우라고 권면합니다. 교회가 구제와 가난한 자들에 대한 임무는 공의회의 결정에 의하여 수립된 것만이 아니라 구약에서(출 22:25, 레 19:10, 신 15:4~11)와 예수님 생애 속에서(요 13:29) 또한 초대교의 출발에서 교회가 감당했던 사명입니다. 바울 서신 중에도 가난한 자들을 돕는 일에 게으르지 말고 그 일에 힘쓸 것이며(롬 12:13, 엡 4:28, 딤전 6:18) 예수님은 다른 사람들을 부요하게 하기 위하여 스스로 가난한 자가 되셨으며 자신을 찾아온 부자들에게 재산을 팔아 가난한 자들에게 나눠 주라고 하셨으며 자신과 제자들이 함께 거하는 공동체 속에 가난한 자를 돕기 위해서 힘쓰셨음을 알 수 있습니다.(마 19:20)

3. 선교적 짐을 나눔입니다.

6절 "너희가 나를 내가 갈 곳으로 보내어 주게 하려 함이라" 바울이 고린도 교회에 보내는 서신의 목적은 교회에 복잡한 문제들을 해결할 뿐 아니라 고린도 교인들로 하여금 바울이 전도여행을 계속할 수 있도록 그의 생필품을 공급하도록 하기 위함입니다. 근동 지방에서는 손님이 여행을 떠날 때에 그의 생필품을 마련해주는 것이 하나의 관례였습니다. 이에 바울은 교회 성도들로 하여금 자신의 선교사역에 관심을 갖게 하고 그 일이 바울 혼자만의 일이 아니라 전체 교회가 해야 할 사명임을 시사해줍니다. 그러나 고린도 교회에 속한 일부가 바울의 사역에 부정적이며 거부하는 일이 있습니다. 9절 "대적하는 자가 많음이라" 정확하게 이들이 누구를 지칭하는지 알 수는 없습니다. 그러나 지난날에도 바울의 전도여행 일정에 '대적자'들이 끊임없이 있었습니다. 바울의 3차 전도여행 중에서도 '데메드리오'라 하는 자는 아데미 여신을 섬기는 일과 아데미의 은세공업자로서 큰돈을 벌어들이는 자였습니다. 그러나 바울이 자신의 생업을 반대하여 복음 전파하는 일에 무리를 선동하여 '대적자'가 된 것입니다. 아데미 여신은 그리스와 로마 신화에 나오는 우상으로 "우리를 풍족하게 하는" 것으로 숭배를 했던 것입니다. 이러한 헬라 철학에 영향을 받은 일부 고린도 교인들이 바울의 선교적 지원을 거부했던 것입니다.